PATRIK IAN MEYER

STARKES
MINDSET

- ▣ GRUNDLAGEN
- ◖ GEDANKEN
- ♥ EMOTIONALE AGILITÄT
- ♀ DENKWEISEN
- ↻ MENTALE STÄRKE

DIE
5 SÄULEN
MENTALER
LEISTUNGS-
FÄHIGKEIT

99 WEGE ZUM ERFOLG

Wie Sie Ihre Gedanken und Emotionen kontrollieren
und Ihr volles Potenzial entfalten

Inhaltsverzeichnis

Einführung

S ich zu verbessern ist etwas, das wir alle anstreben. Trotzdem übersehen wir oft das Einzige, das den Unterschied ausmachen kann: unseren Verstand. Stellen Sie sich vor, Sie könnten sein volles Potenzial freisetzen und ihn effizienter als je zuvor einsetzen. Dann würden Hilflosigkeit und Überforderung wahrscheinlich durch Selbstverwirklichung ersetzt. Das Erreichen von Zielen würde alltäglich werden. Aufschieben und Versagensängste würden der Vergangenheit angehören. Die Möglichkeiten sind also endlos, wenn Sie sich das Potenzial Ihres Verstandes zunutze machen. Mit diesem Buch können Sie Ihr Leben revolutionieren und Ihre mentale Stärke steigern.

Kognitive Leistung, Beherrschung der Gedanken, emotionale Agilität, Wachstumsmentalität und mentale Stärke sind die fünf Säulen dieses Buches. Das Erlernen dieser Themen wird Ihnen eine andere Perspektive auf die Funktionsweise des Verstandes eröffnen. So können Sie Ihre Emotionen und Gedanken in einen Vorteil verwandeln, wenn Sie sich Herausforderungen stellen. Mit größerer geistiger Disziplin können Sie Ihre Selbstwahrnehmung verbessern. Das Buch enthält auch umsetzbare Schritte für die praktische Anwendung dieser Ideen. So können Sie Ihre geistigen Fähigkeiten weiter kultivieren und stärken.

Meine lebenslange Leidenschaft für die Erforschung des Geistes hat mich dazu gebracht, die Funktionen des Gehirns zu studieren und zu analysieren. Ich verbringe meine Zeit mit der Lektüre von Whitepapern, der Durchführung von Forschungsarbeiten und der Durchsicht von Fachzeitschriften mit Peer-Reviews zu

Neurowissenschaften und Psychologie. Auf dieser Reise habe ich ein tiefes Verständnis dafür gewonnen, wie man die Fähigkeiten des Gehirns verbessern kann, und dieses Verständnis genutzt, um unzählige Menschen darin zu schulen, ihre mentale Stärke zu entwickeln.

Dieses Buch ist eine elegante Lösung, um mein Wissen mit der Welt zu teilen. Die erste Säule beschäftigt sich mit der grundlegenden Frage, was geistige Leistungsfähigkeit überhaupt ist. Nur wenn Sie verstehen, wie Ihr Verstand optimal funktioniert, werden Sie wissen, was Sie erreichen können. In der zweiten Säule werden Gedanken und Emotionen aufgeschlüsselt. Wenn Sie Ihre Gedanken unter Kontrolle haben, können sie Sie nicht in ein Chaos ziehen, das Sie bremst. Die dritte Säule befasst sich eingehend mit der emotionalen Agilität. Die Beantwortung von Fragen zu Ihren Werten liefert einen Maßstab für Ihre Emotionen. Diese Selbstwahrnehmung macht Sie zu einem fähigeren Spieler im Spiel des Lebens.

Die vierte Säule dieses Buches ist die Wachstumsmentalität. Sobald Sie persönliches Wachstum erreichen, wird sich die Kapazität Ihres Gehirns wahrscheinlich verbessern. Im letzten Kapitel schließlich geht es um die mentale Stärke. Nutzen Sie sie, um Ihren Verstand so zu konditionieren, dass Sie alle Widrigkeiten überwinden können. So können Sie Ihre Visionen verwirklichen, indem Sie trotz aller Probleme standhaft bleiben. Mit diesen fünf Säulen in meinem Leben habe ich Spitzenleistungen erzielt. Ebenso habe ich Herausforderungen gemeistert, die einst unüberwindbar schienen. Das Leben war noch nie besser.

Nutzen Sie dieses Buch, um die gleiche Robustheit zu erfahren, die ich in Bezug auf die Überwindung von Rückschlägen habe. Übernehmen Sie die Kontrolle über Ihre mentale Leistungsfähigkeit, Ihre Gedanken, Ihre Emotionen, Ihr persönliches Wachstum und Ihre Widerstandsfähigkeit. Bewältigen Sie die Herausforderungen, denen Sie gegenüberstehen, mit Ihrer neu gewonnenen Kraft und den bereitgestellten Werkzeugen und Prinzipien. Und schließlich nutzen Sie die Kraft und das Potenzial in Ihnen, um Ihre Ziele zu erreichen.

Säule 1
Grundlagen

Der menschliche Geist unterscheidet uns von den Tieren aufgrund unserer einzigartigen Denkprozesse. Unsere Persönlichkeiten und Fähigkeiten spiegeln den Einsatz unserer geistigen Fähigkeiten wider. Entdecken Sie in der ersten Säule die Grundlagen der kognitiven Leistungsfähigkeit. Das Verständnis dieses Eckpfeilers wird das Potenzial Ihres Geistes freisetzen und Sie in die Lage versetzen, Ergebnisse zu erzielen. Diese Säule bildet auch die Grundlage für die Erforschung der mentalen Leistungsfähigkeit. Damit schaffen Sie eine solide Grundlage für Ihre Reise zur Optimierung Ihrer kognitiven Fähigkeiten.

Kapitel 1

Die Grundlagen der mentalen Leistungsfähigkeit

D er Erfolg in unserem persönlichen, gesellschaftlichen und beruflichen Leben hängt von unserer mentalen Leistungsfähigkeit ab. Das Erreichen eines optimalen Niveaus der mentalen Leistungsfähigkeit ist ein komplexes Thema, das einer eingehenderen Erforschung bedarf. Das folgende Kapitel befasst sich daher mit der mentalen Leistungsfähigkeit und ihrer Bedeutung für Sie.

Definition

Mentale Leistungsfähigkeit bezieht sich auf die Effizienz unserer kognitiven Funktionen und die Fähigkeit, unsere Absichten umzusetzen. Als Individuen streben wir natürlich alle danach, unser höchstes Potenzial an Reaktionen und intellektuellen Fähigkeiten zu erreichen. Unsere mentale Leistungsfähigkeit misst das Ausmaß, in dem wir dieses Ziel erreichen. Ein scharfer und aktiver Verstand kann Situationen gründlich analysieren, die Informationen nutzen, um bessere Leistungen zu erzielen, und die Erfolgschancen erhöhen. Das Erreichen dieses Niveaus der mentalen Leistungsfähigkeit hebt uns über den Durchschnitt hinaus.

Um diese Ebene der geistigen Leistungsfähigkeit zu erreichen, ist die Beherrschung all Ihrer Lern- und Beobachtungsfähigkeiten erforderlich. Zu diesen Fähigkeiten gehören Aufmerksamkeit, Wahrnehmung, logisches Denken, Gedächtnis, Gewohnheiten und Intuition. Das Gedächtnis und die Gewohnheiten zum Beispiel arbeiten im Unterbewusstsein, das unserem Bewusstsein nicht direkt zugänglich ist. Dennoch können diese Fähigkeiten trainiert und genutzt werden, um unsere bewussten Ambitionen zu unterstützen.

Mentale Leistungsfähigkeit im Sport

Bei der Ausübung von Sport werden nicht nur die körperlichen, sondern auch die geistigen Fähigkeiten der Sportler gefordert. Die Erfüllung dieser Anforderungen macht den Unterschied zwischen guten Sportlern und großartigen Sportlern aus. Das Leben eines Spitzensportlers ist daher oft von Stress geprägt, der von der öffentlichen Aufmerksamkeit bis zur Erfüllung beruflicher Verpflichtungen reicht. Um in einem solchen Umfeld erfolgreich zu sein, müssen die Sportler eine Art von mentaler Stärke entwickeln, die über die Bewältigung hinausgeht.

Der Umgang mit dem Druck, Fehler zu machen, ist eine mentale Herausforderung, der sich Sportler stellen müssen. Leider wird dieser Druck in den Köpfen der Athleten manchmal durch die Trainer gesteigert. Manche Trainer fordern das Gewinnen um jeden Preis und verurteilen das Scheitern. Wenn ein Trainer zum Beispiel keine konstruktive Kritik übt und nur die Fehler hervorhebt, haben die Sportler Angst, Fehler zu machen. Damit wird ein Leistungsstandard gesetzt, der eine Kultur der Angst statt des Wachstums fördert.

Um diese negative Denkweise zu bekämpfen, müssen wir unsere Gedanken über das Scheitern neu ordnen. Anstatt es als Rückschlag zu betrachten, sollten wir es als Chance für Wachstum und Lernen sehen. Ebenso sollten wir verstehen, dass Scheitern ein unvermeidlicher Teil des Wachstums ist und nicht den Wert einer Person definiert. Konzentrieren Sie sich auch auf den Fortschritt und nicht auf die Ergebnisse und feiern Sie kleine Erfolge. Oder üben Sie sich in Selbstmitgefühl und behandeln Sie sich selbst mit Freundlichkeit und Verständnis, auch wenn Sie versagen. Mit einer wachstumsorientierten Denkweise und der Konzentration auf das Lernen kann jeder die Angst vor dem Scheitern überwinden und sein volles Potenzial ausschöpfen.

Eine weitere Herausforderung für Sportler ist die Selbstfürsorge. Leider ignorieren viele Menschen ihr Bedürfnis nach Selbstfürsorge aus dem falschen Glauben heraus, dass dies Schwäche bedeutet. Dabei können schon einfache Maßnahmen zur Stressreduzierung viel bewirken. So ist ein heißes Bad eine gute Möglichkeit, sich nach einem langen, hektischen Tag zu entspannen. Das warme Wasser trägt dazu bei, den Körper zu beruhigen, was wiederum zur Beruhigung des Geistes beiträgt. Wenn die Körpertemperatur im Wasser ansteigt, werden Sie auf natürliche Weise ein Gefühl der Entspannung und Ruhe verspüren. Außerdem kann ein heißes Bad Muskelverspannungen und Muskelkater lösen. Schließlich verbessert die Entspannung von Körper und Geist am Ende des Tages den Schlaf und bereitet Sie geistig auf den neuen Tag vor. Wenn Sie ausgeruht aufwachen, haben Sie die Energie, die Sie brauchen, um Ihr Bestes geben zu können.

Viele Sportler haben irgendwann mit Leistungsangst zu kämpfen, denn niemand mag das unangenehme Gefühl, zu wenig zu leisten. Diese Angst geht mit körperlichen Symptomen einher, wie schwitzigen Händen, erhöhter Herzfrequenz und einem seltsamen Gefühl in der Magengegend. Zu den damit verbundenen psychischen Symptomen gehören übermäßiges Nachdenken und eine nach innen gerichtete Konzentration. Es gibt jedoch Bewältigungsstrategien, die helfen können, den Druck der Leistungsangst zu lindern. Die Inanspruchnahme einer Therapie hilft Sportlern mit Leistungsangst in mehrfacher Hinsicht. Zunächst hilft die Therapie, die Gedanken, Gefühle und Verhaltensweisen zu erkennen, die zu dieser Angst beitragen. Mit dieser Erkenntnis können die Sportler Bewältigungsfähigkeiten und Strategien erlernen, um mit ihrer Angst umzugehen und ihre Leistung zu verbessern. Darüber hinaus hilft die Therapie, ein größeres Selbstbewusstsein zu entwickeln, was das allgemeine Wohlbefinden verbessern kann.

Leider hält das Stigma, das der Inanspruchnahme einer Beratung in der Sportgemeinschaft anhaftet, einige davon ab, sich Hilfe zu holen. Die Sportler befürchten, dass das Eingeständnis, mit psychischen Problemen zu kämpfen, ihrer Karriere schaden könnte. Daher zeigen Berichte, dass 5 % bis 31 % der Athleten leistungssteigernde Drogen nehmen *(Malva, 2018)*. Außerdem leiden etwa 13,5 % der Athleten an Essstörungen, weil sie damit zu kämpfen haben, ein bestimmtes Gewicht zu erreichen oder zu halten *(Sundgot-Borgen & Torstveit, 2004)*. In einigen Kategorien ist der Prozentsatz höher: Frauen in ästhetischen Sportarten haben eine 42%ige Chance, eine Essstörung zu entwickeln. Um diese Probleme zu bekämpfen, muss ein Sportler die Therapie als ein Mittel zur Verbesserung seiner Leistung betrachten. Denken Sie daran, dass die psychische Gesundheit ebenso wichtig ist wie die körperliche.

Es gibt viele alternative Ansätze zur Verbesserung der psychischen Gesundheit. Sie sind vielleicht nicht so wirksam wie eine Therapie, können aber dennoch nützlich sein. Zum Beispiel kann Musik eine wirksame Entspannungstechnik sein, um zur Ruhe zu kommen. Suchen Sie sich einige Lieder aus, die Ihnen gefallen, setzen Sie sich auf eine Bank und genießen Sie die malerische Atmosphäre, während Sie sie hören. Außerdem können Achtsamkeitstechniken wie Meditation oder Tai-Chi helfen, Stress abzubauen und das Wohlbefinden zu fördern. Auch Atemtechniken können helfen, Ängste abzubauen. Eine dieser Techniken besteht darin, sich auf den Rücken zu legen und einzuatmen, bis sich der Bauch hebt, gefolgt von einem langsamen Ausatmen. Wenn Sie dies ein paar Mal wiederholen, können Sie sich wohler fühlen.

Eine weitere Möglichkeit, die mentale Konzentration zu verbessern, besteht darin, sich vor einem Spiel den Sieg vorzustellen. So können Sie sich auf das Ziel konzentrieren und Ablenkungen ausschalten, damit Sie Ihre beste Leistung bringen. Oder stellen Sie sich vor, was Sie in einer stressigen Situation, zum Beispiel zu Beginn eines wichtigen Spiels, erreichen wollen. Stellen Sie sich die Hindernisse vor, auf die Sie stoßen werden, und wie Sie sie überwinden können. Bleiben Sie motiviert, indem Sie während des Spiels positive Affirmationen wiederholen. Indem Sie in der Gegenwart bleiben, werden Sie sich potenzieller Bedrohungen bewusst und können sie umgehen. Diese Schritte der Visualisierung, der positiven Affirmationen und des Verweilens in der Gegenwart werden Ihren Fokus und Ihre Selbstbeherrschung verbessern.

Um in Situationen, in denen sie unter hohem Druck stehen, Spitzenleistungen zu erbringen, müssen Sportler verschiedene Formen von Stress bewältigen. Um diese Herausforderungen zu meistern, ist es daher entscheidend, sich mental zu konzentrieren. Eine schlechte mentale Gesundheit beeinträchtigt die Leistung eines Sportlers. Zu einem ganzheitlichen Ansatz für die psychische Gesundheit gehört auch die Untersuchung der Stressquellen auf und neben dem Spielfeld. Die oben erwähnten Ansätze, wie zum Beispiel eine Therapie, können dazu beitragen, die psychische Gesundheit zu verbessern und die Widerstandsfähigkeit zu stärken. Diese verbesserte psychische Gesundheit kann den Sportlern die nötige Widerstandsfähigkeit verleihen, um gegen starke Gegner erfolgreich zu sein.

Mentale Leistungsfähigkeit im täglichen Leben

Die Wechselbeziehung zwischen exekutiven und kognitiven Funktionen regelt unser tägliches Leben. Exekutive Funktionen beziehen sich auf die übergeordneten kognitiven Fähigkeiten, die uns helfen, unsere Gedanken und Handlungen zu steuern, zu kontrollieren und zu organisieren. Die kognitiven Funktionen hingegen umfassen die mentalen Prozesse, die uns das Lernen, Erinnern, Wahrnehmen und Denken ermöglichen. Bei den täglichen Herausforderungen helfen uns die exekutiven Funktionen, unsere kognitiven Fähigkeiten zu kontrollieren, sodass wir unser Verhalten an die jeweilige Situation anpassen können. Wenn wir zum Beispiel einen Termin einhalten müssen, müssen wir vielleicht unsere Routine anpassen und früh aufstehen, um die Aufgabe rechtzeitig zu erledigen. Dies erfordert, dass wir die Zeit bis zum Ablauf der Frist abschätzen und unseren Zeitplan entsprechend planen. Ebenso zeigt sich unsere Fähigkeit zur hemmenden Kontrolle, wenn wir flexibel sind und dem Drang widerstehen, mehr Schlaf zu bekommen.

Die hemmende Kontrolle ermöglicht es uns, Impulsen zu widerstehen und uns zu konzentrieren, sodass Ablenkungen die Produktivität nicht beeinträchtigen. Zu lernen, Nein zu sagen und äußeren Druck zu ignorieren, kann für den Erfolg entscheidend sein. Außerdem hilft uns die hemmende Kontrolle dabei, uns nicht durch irrelevante äußere Reize ablenken zu lassen, die uns von unseren Zielen abhalten könnten. Um die hemmende Kontrolle zu üben, können Sie Folgendes tun:

- **Setzen Sie Prioritäten.** Bestimmen Sie Ihre wichtigsten Prioritäten und konzentrieren Sie Ihre Energie auf diese Aufgaben. Widerstehen Sie dem Drang, zusätzliche Verpflichtungen einzugehen, die Sie vom Erreichen Ihrer Ziele ablenken könnten.

- **Schaffen Sie Grenzen.** Legen Sie Grenzen für Ihre Zeit, Ihren Raum und Ihre Ressourcen fest. Verwenden Sie zum Beispiel eine *„Nicht stören"*-Funktion auf Ihrem Telefon oder Ihrem Laptop, wenn Sie sich auf eine bestimmte Aufgabe konzentrieren.
- **Verzögern Sie die Belohnung.** Lernen Sie, unmittelbare Befriedigung zugunsten langfristiger Belohnungen aufzuschieben. Widerstehen Sie also dem Drang, während der Arbeitszeit soziale Medien oder E-Mails zu checken, und planen Sie stattdessen bestimmte Zeiten ein.
- **Seien Sie achtsam.** Üben Sie Achtsamkeitstechniken wie tiefes Atmen oder Meditation. Dies kann Ihnen helfen, ein größeres Selbstbewusstsein und mehr Kontrolle über Ihre Gedanken und Gefühle zu entwickeln.

Darüber hinaus ist das logische Denken eine wichtige exekutive Funktion. Als solche ermöglicht sie uns, Ähnlichkeiten und Unterschiede zwischen Dingen zu erkennen. Wenn man feststellt, wie etwas im Vergleich zu etwas anderem ist, kann man es besser beurteilen. Ein Beispiel dafür ist der Vergleich von Stellenbewerbern. Beide haben ähnliche Qualifikationen, einen ähnlichen beruflichen Werdegang und ein ähnliches Profil. Wenn Sie die Ähnlichkeiten und Unterschiede zwischen den beiden Bewerbern erkennen, können Sie entscheiden, wer das Stellenangebot erhalten soll.

Um mehrere Aktivitäten effektiv zu bewältigen, müssen Sie das *„Verzweigen"* üben. Dazu gehört, dass Sie sich auf die aktuelle Aufgabe konzentrieren. Die anderen Aufgaben bleiben jedoch in Ihrem Blickfeld, sodass Sie bemerken, wenn sie sofortige Aufmerksamkeit erfordern. Setzen Sie Prioritäten, indem Sie sich zunächst auf die wichtigsten Aufgaben konzentrieren und dann die weniger dringenden angehen. Auf diese Weise können Sie Stressfaktoren abbauen und eine höhere Produktivität in Ihrem Tagesablauf erreichen. Wenn Sie zwei Dinge gleichzeitig tun, spricht man von *„Multitasking"*. Wenn Sie sich beispielsweise Notizen machen, während Sie einer Vorlesung zuhören, ist das ein Beispiel für Multitasking. Beim Multitasking konzentrieren Sie sich auf beide Aufgaben, wobei Sie verschiedene Fähigkeiten nutzen, ohne den Fokus zu verlieren. Es ist jedoch unklug, Multitasking zu betreiben, das Ihre Kapazitäten übersteigt, da sich Ihr Fortschritt verlangsamen kann, wenn Ihre Aufmerksamkeit zerstreut ist.

Die Entscheidungsfindung ist eine weitere anspruchsvolle Führungsaufgabe, da sie oft Gewissheit erfordert. Trotzdem ist es viel einfacher, wenn man erst einmal weiß, wie man Entscheidungen trifft, selbst bei begrenzten Informationen. Um eine Entscheidung zu treffen, sollten Sie zunächst alle verfügbaren Optionen erkunden, wenn Sie mit einem Problem, einer Situation oder einer Vorgehensweise konfrontiert werden. Nutzen Sie Ihre Vorhersage-, Vorstellungs- und Planungsfähigkeiten, um die möglichen Vor- und Nachteile jeder Option zu bewerten. Entscheiden Sie sich dann auf der Grundlage Ihrer Analyse für den besten Weg nach vorn.

Zu den anderen notwendigen exekutiven Funktionen gehört auch die Planung. Die Planung beinhaltet Kreativität, indem man sich die Variablen vorstellt und mit ihnen interagiert, um die gewünschten Ergebnisse zu erzielen. Eine wirksame Planung setzt voraus, dass Sie zunächst Ihre Ziele festlegen. Danach müssen Sie die Schritte zur Erreichung dieses Ziels ausarbeiten. Es wird wahrscheinlich mehrere Wege geben, um das Ziel zu erreichen. Daher muss bei der Planung ermittelt werden, welche Vorgehensweise am effektivsten ist. Der effektivste Weg wird den größten Erfolg mit dem geringsten Aufwand an Ressourcen bringen.

Eine effektive Zeiteinschätzung steht in engem Zusammenhang mit mehreren anderen exekutiven Funktionen, wie Beobachtung und Vorhersage. Um genau einschätzen zu können, wie lange eine bestimmte Tätigkeit dauern wird, muss man ihren Fortschritt sorgfältig verfolgen. Dies ist vor allem dann hilfreich, wenn man mit einem engen Zeitplan arbeitet. Entwickeln Sie auch die Fähigkeit, die für jede Aufgabe benötigte Zeit vorherzusagen. Wenn Sie dann Ihr Tempo so anpassen, dass Sie den Termin einhalten können, zeichnen Sie sich als hoch qualifizierter und effizienter Fachmann aus. Außerdem ist ein ausgezeichnetes Zeitmanagement in jedem Bereich eine wesentliche Voraussetzung für den Erfolg.

Schließlich ist das Arbeitsgedächtnis in fast jedem Beruf wichtig. Es besteht darin, Informationen über die wichtigen Aufgaben, die Sie gerade erledigen, zu behalten. Der reibungslose Wechsel zur nächsten Aufgabe auf unserer Prioritätenliste ist das Ergebnis dieser Fähigkeit. Eine weitere Folge ist das Weglassen von unwichtigen Informationen. Behalten Sie relevante Informationen im Gedächtnis, um einen logischen Übergang zur nächsten Aufgabe zu gewährleisten.

Säule 2: Gedanken

Die Gedanken, die wir haben, führen zu den Handlungen, die wir tun. Wenn sich Ihre Gedanken in einem positiven Bereich befinden, der Sie antreibt, etwas zu erreichen, wird der Rest von Ihnen entsprechend reagieren. In diesem Abschnitt werden wir uns mit Gedanken beschäftigen und damit, wie Sie sie besser verstehen können.

Kapitel 2

Die eigenen Gedanken verstehen

Die erste Frage lautet: *„Was ist die Definition eines Gedankens?"* Viele Menschen haben über seine Bedeutung debattiert. Einfach ausgedrückt, ist ein Gedanke eine elektrochemische Nachricht im Gehirn *(Dougherty, 2011)*. Elektrochemische Nachrichten bestehen aus elektrischen und chemischen Impulsen, die Nachrichten zwischen den Nerven übertragen. Man kann sich das wie ein Signal vorstellen, das sich über eine Telefonleitung bewegt, oder wie die Chemikalien in einer Batterie, die Ladung erzeugen.

Gedanken können sich auch auf Reize beziehen, die Sie in Ihrer Umgebung wahrgenommen haben, wie zum Beispiel das Geräusch des Verkehrs oder den Geruch der Pizza, die Sie essen. Sie können auch von einer inneren Botschaft herrühren, die Sie auf der Grundlage Ihrer inneren Welt erzeugt haben. Ein interner Stimulus könnte zum Beispiel eine Erinnerung an Ihren ersten Job oder ein Gefühl über jemanden sein, den Sie treffen.

Darüber hinaus enthalten Gedanken Muster, Sprache, Wahrnehmungen und andere Bedeutungen. Sie interpretieren, was geschieht, und geben uns Hinweise darauf, was wir als Nächstes tun sollten. Das menschliche Denken und seine Ursprünge sind zwar nach wie vor ein komplexer und fortlaufender Forschungsgegenstand, aber vieles ist bereits erforscht worden. Zunächst ist es wichtig, die verschiedenen Arten von Denkprozessen zu verstehen, die auftreten.

Die zwei Denkprozesse

Nach der Dualen Prozesstheorie denkt der Mensch auf zwei verschiedene Arten. Die erste ist die schnelle und intuitive Verarbeitung, die uns hilft, unverzüglich und effizient zu denken. Dieser Prozess ist in der Regel wertvoll, wenn es darum geht, Aufgaben zu erledigen und Stresssituationen zu bewältigen. Der zweite Prozess hingegen ist abwägend und langsam. Er beinhaltet eine detaillierte Prüfung von Informationen, um genauere Ergebnisse zu erzielen. Beide Verarbeitungsarten sind je nach unseren täglichen Bedürfnissen unerlässlich.

Implizite oder automatische Denkprozesse

Ein *„Bauchgefühl"* ist ein Beispiel für das Ergebnis eines impliziten Denkprozesses. Stellen Sie sich zum Beispiel einen Bäcker vor, der das Bedürfnis verspürt, nach dem Ofen zu sehen. Die treibende Kraft für dieses Bauchgefühl könnte der Geruch von etwas Verbranntem sein. Wahrscheinlich verbindet der Bäcker den Geruch nicht bewusst mit dem Bedürfnis, nach dem Gebäck zu sehen. Der implizite Prozess führt jedoch zu dieser intuitiven Entscheidung, um potenzielle Probleme wie Überbacken zu vermeiden.

Wenn wir neuen Menschen begegnen, fällen wir oft vorschnelle Urteile über sie. In Sekundenschnelle kombiniert unser Gehirn die Informationen, die wir beobachten, wie zum Beispiel ihr Aussehen und ihren Akzent, mit unseren früheren Erfahrungen, um eine Einstellung gegenüber der Person zu bilden. Wenn wir zum Beispiel positive Erfahrungen mit Menschen mit ähnlichen Merkmalen gemacht haben, werden wir wahrscheinlich eine positive Einstellung zu dieser neuen Person haben. Dieser schnelle und automatische Denkprozess ist notwendig, um sich in der Welt zurechtzufinden und effizient Entscheidungen zu treffen. Es ist jedoch wichtig zu erkennen, dass unsere vorschnellen Urteile nicht immer richtig oder fair sind. Bleiben Sie daher aufgeschlossen, um

Ihre Einstellung gegenüber anderen auf der Grundlage weiterer Informationen und Interaktionen neu zu bewerten.

Außerdem entsteht Vertrauen dadurch, dass wir mit den verfügbaren Informationen die bestmögliche Entscheidung treffen. Die Qualität der Daten kann unsere Entscheidungen verbessern, aber unser automatischer Denkprozess kann uns das genaueste Ergebnis liefern, selbst bei begrenzten Daten. Unsere Vorstellung von der „richtigen" Entscheidung kann sich jedoch ändern, wenn wir über vergangene Handlungen nachdenken, insbesondere wenn wir nicht gestresst sind. Bleiben Sie dennoch zuversichtlich, dass Sie unter den gegebenen Umständen Ihr Bestes getan haben.

Insgesamt dreht sich der automatische Denkprozess oft um antrainierte Reaktionen aus früheren Erfahrungen und Kenntnissen. Diese unbewussten Handlungen können in Situationen von Vorteil sein, die ein schnelles und entschlossenes Handeln erfordern, wie zum Beispiel, mit dem Auto auszuweichen, um ein Kind auf der Straße nicht anzufahren. In diesen kritischen Momenten müssen wir schnell handeln, auch wenn wir dabei möglicherweise ein anderes Fahrzeug beschädigen, um Schäden oder den Verlust von Menschenleben zu verhindern.

Andererseits ist der kontrollierte Denkprozess besser für Situationen geeignet, die kein sofortiges Handeln erfordern. In solchen Fällen braucht man Zeit, um alle Informationen zu berücksichtigen, das Für und Wider abzuwägen und eine bewusste Entscheidung zu treffen.

Explizite oder kontrollierte Denkprozesse

Wenn wir eine große Menge an Daten zu erfassen haben, denken wir kontrolliert. Ein gutes Beispiel dafür ist ein Student, der für eine Prüfung ein Lehrbuch durcharbeitet. Sie analysieren große Mengen an Informationen, um das jeweilige Thema besser zu verstehen. Laut Fabio et al. (2019) ermöglicht uns kontrolliertes Denken, unsere geistige Flexibilität zu nutzen, indem wir mehrere Gesichtspunkte prüfen. Die Anpassung unserer Denkweise und unserer Wissensbasis zu einem Thema bietet uns eine solide Grundlage, um eine schwierige Entscheidung zu rechtfertigen.

Kontrolliertes Denken ist notwendig, um wertorientierte Entscheidungen zu treffen, die auf persönlichen Überzeugungen beruhen. Es ermöglicht dem Einzelnen, verschiedene Optionen zu bewerten und sicherzustellen, dass seine Entscheidungen mit seinen Werten übereinstimmen. Außerdem hilft es dabei, vernünftige Erklärungen für diese Entscheidungen zu finden, wenn man vor schwierigen Situationen steht, auf die es keine eindeutige Antwort gibt. Wird kontrolliertes Denken nicht eingesetzt, kann dies zu übereilten Entscheidungen führen, die nicht mit den eigenen Werten übereinstimmen, was zu Verwirrung und möglichen Problemen führt. Das kontrollierte Denken kann jedoch spekulativ und reflektierend sein und wird nicht immer zu einer hohen Gewissheit führen. Trotzdem ist es wichtig, fundierte Entscheidungen zu treffen, die mit den persönlichen Überzeugungen übereinstimmen.

Dennoch sind kontrolliertes und automatisches Denken gleichermaßen hilfreich. Wenn wir sie bei Bedarf einsetzen, können wir auf alle Situationen angemessen reagieren. Automatisches Denken ist zum Beispiel in Situationen nützlich, in denen keine Zeit zum Nachdenken bleibt. Kontrolliertes Denken hingegen ermöglicht es uns, Vorurteile zu überwinden, verschiedene Perspektiven zu prüfen und fundierte Entscheidungen zu treffen.

Anwälte sind ein gutes Beispiel für Personen, die bei Bedarf automatisches und kontrolliertes Denken anwenden müssen. Anwälte müssen manchmal spontan denken, zum Beispiel wenn sie es mit schwierigen Mandanten oder Gegnern zu tun haben, die sie unerwartet herausfordern. Sie müssen in solchen Situationen schnell und angemessen reagieren, da sie sonst ihren Ruf und ihr Geschäft verlieren können. Es gibt jedoch auch Fälle, in denen sie jedes Detail des Falles kennen müssen, einschließlich der rechtlichen Auswirkungen des Geschehens. In solchen Situationen müssen sie einen kontrollierten Denkprozess anwenden, um ein umfassendes Verständnis des Falles zu erlangen.

Automatisches und kontrolliertes Denken ermöglicht es uns, auf alle Umstände angemessen zu reagieren. Um Denkprozesse besser zu beherrschen, sollten Sie verschiedene Arten von Gedanken erkennen und steuern, wie im folgenden Abschnitt erläutert wird.

Die Bedeutung des Verstehens Ihrer Gedanken

Die meisten unserer Gedanken spielen sich auf einer unbewussten Ebene ab. Verdrängte Erinnerungen, tief verwurzelte Gewohnheiten und Sprachfähigkeiten sind nur einige der Dinge, die in unserem Unterbewusstsein enthalten sind. Manchmal muss das Unbewusste verändert werden. Die Anpassung ist besonders wichtig, wenn ein unbewusster negativer Einfluss ausgeübt wird, aber das braucht Zeit und den Einsatz verschiedener Techniken. Der erste Schritt besteht darin, zu erkennen, wann Ihr Unterbewusstsein Einfluss nimmt und wann Sie bewusst eine Entscheidung treffen.

Die Operationen unseres Unterbewusstseins und ihren Einfluss auf unsere Gedanken zu verstehen, ist wesentlich, um uns selbst besser zu verstehen. In der Folge klärt es unsere Denkprozesse und wie sie unsere Entscheidungen, Behauptungen und Schlussfolgerungen auf einer bewussten Ebene beeinflussen. Wenn wir uns unserer Emotionen und Auslöser bewusster werden, können wir erkennen, wann wir uns ungewollt verhalten. Wenn wir diese Muster erkennen, können wir feststellen, wann unbewusste Gedanken unser Verhalten beeinflussen.

Als Versprecher bezeichnet man beispielsweise Situationen, in denen man etwas sagt, was man nicht beabsichtigt hat. Normalerweise geschieht dies aufgrund eines kurzen Aussetzers im Denkprozess. Diese Fehler in der Sprache können zeigen, wie unser Unterbewusstsein Informationen verarbeitet. Ebenso geben sie Aufschluss über unseren geistigen Zustand. Wenn jemand einen Freund versehentlich mit dem Namen des Ex-Partners anspricht, kann dies ein Hinweis darauf sein, dass er noch immer Gefühle im Zusammenhang mit dieser vergangenen Beziehung verarbeitet. Ebenso kann die unbeabsichtigte Verwendung von Wörtern, die mit negativen Emotionen in Verbindung gebracht werden, auf unterschwelligen Stress oder Ängste hinweisen.

Wenn Sie sich Ihrer unbewussten Gedanken bewusst werden, kann Ihnen das helfen, Ihr Handeln zu steuern. Ein unbewusster Gedanke, der Ihre Entscheidungen beeinflusst, könnte zum Beispiel das Festhalten an Kindheitswünschen sein. Wenn Sie diesen Wunsch erkennen, können Sie beurteilen, ob er mit Ihren aktuellen Zielen übereinstimmt, und entsprechend reagieren. Entweder Sie ändern Ihren Karriereweg oder Sie behaupten die Vorherrschaft Ihres bewussten Wunsches und ersetzen ihn durch ein neues Bestreben.

Wenn Sie mit Impulsen aus Ihrem Unterbewusstsein konfrontiert werden, nehmen Sie sich einen Moment Zeit, um darüber nachzudenken, und stellen Sie sich ein paar Fragen. Angenommen, Sie wollen ein Haus kaufen, das gerade angeboten wird. Doch Ihr Unterbewusstsein beharrt auf Gedanken wie *„Finde ein besseres Haus"*. Fragen Sie sich in einem solchen Fall: *„Ist diese Erwartung realistisch?"* In Anbetracht Ihrer finanziellen Situation können Sie beurteilen, ob der Impuls oder Wunsch realisierbar ist. Fragen wie *„Wie fühle ich mich bei diesem Wunsch?"* und *„Welche Emotionen stecken dahinter?"* ermöglichen es Ihnen, die Rolle Ihrer Emotionen bei der Gestaltung Ihrer Gedanken und Wünsche zu verarbeiten. Die Identifizierung der Emotionen, die Ihren Wünschen zugrunde liegen, bietet Ihnen die Möglichkeit zur Selbstbeobachtung und Selbstreflexion. Diese Einsicht in Ihre tieferen Beweggründe und zugrundeliegenden Bedürfnisse führt zu einer klareren Entscheidungsfindung.

In unsicheren Situationen kann die Angst vor dem Unbekannten lähmend wirken. Diese Ängste wirken wie ein Abwehrmechanismus, der uns davon abhält, vermeintliche Risiken einzugehen. Auch wenn es gut gemeint sein mag, kann dieses angstbedingte Zögern zu verpassten Chancen führen. Wenn wir uns jedoch die Zeit nehmen, unsere Gedanken zu verstehen, können wir zwischen rationalen und irrationalen Ängsten unterscheiden. In der Folge können wir die Situation objektiver angehen. Beginnen Sie zum Beispiel damit, die Gründe für solche Ängste zu erforschen. Hinterfragen Sie dann, ob sie auf konkreten Beweisen oder einfach nur auf Ihrer Einbildung beruhen.

Eine alternative Perspektive ist ein gesunder Ansatz, um die eigenen Gedanken zu verstehen und sich von Denkgewohnheiten zu befreien. Eine Lehrkraft, die mit unmotivierten Schülern konfrontiert ist, kann beispielsweise ihre Unterrichtspläne mit anderen Lehrkräften besprechen, um neue Perspektiven zu gewinnen und besser nachvollziehbare Unterrichtsbeispiele zu entwickeln. Auch die Prüfung des bestmöglichen Ergebnisses kann negative Denkweisen durchbrechen und zum Handeln anregen.

Umgekehrt kann die Ermittlung des Worst-Case-Szenarios die Dinge ebenfalls ins rechte Licht rücken und als moralischer Kompass dienen. Durch die Untersuchung der besten und schlechtesten Ergebnisse werden die Möglichkeiten klar definiert und praktische Erwägungen nicht außer Acht gelassen. Das Einholen der Meinung anderer und das Aufbrechen festgefahrener Standpunkte kann auch unser Verständnis erweitern und unser gesellschaftliches Bewusstsein schärfen.

Das Ersetzen negativer Triebe durch positive ist ein weiterer Schritt zur Identifizierung und Hinterfragung unbewusster Gedanken. Wenn man beispielsweise den Drang zum Glücksspiel durch Investitionen in ein Aktienportfolio ersetzt, kann das ein Gefühl der Unvorhersehbarkeit vermitteln und gleichzeitig eine sichere finanzielle Zukunft schaffen. Indem wir unsere Gedanken verstehen und diese Hinterfragungsmethoden anwenden, können wir Klarheit gewinnen und unsere Fähigkeit zum kritischen Denken weiterentwickeln.

Im nächsten Abschnitt werden wir uns mit den Denkmustern und der Frage beschäftigen, wie sie unsere Gedanken formen. Indem wir unser Wissen über die Funktionsweise von Gedanken erweitern, können wir unsere Selbstwahrnehmung und unsere Entscheidungsfähigkeit weiterentwickeln.

Wie Sie Ihre Gedanken verstehen können

Unser Verstand ist ein Bienenstock voller Aktivität. Die Gedanken fliegen innerhalb und außerhalb unseres Bewusstseins herum. Wir können verschiedene Dinge im Auge behalten und uns auf mehrere Dinge gleichzeitig konzentrieren. Zusätzlich zu den Gedanken gibt es in unserem Geist mehrere mentale Faktoren. Zu diesen Faktoren gehören unter anderem Erinnerungen, Lösungen, Gefühle und Ideen. Um diese Verkettung von mentalen Elementen zu vereinfachen, ist es hilfreich, die drei Denkweisen zu verstehen.

Denkweisen

Es gibt drei Denkweisen, nämlich *„engagiert"*, *„automatisch"* und *„analytisch"*. Sie alle haben eine bestimmte Funktion, die einem bestimmten Zweck dient. Die engagierte und die automatische Denkweise gehören zum impliziten Denkprozess, während die analytische Denkweise zum expliziten Denkprozess gehört.

*Hatten Sie jemals das Gefühl, völlig in eine Aufgabe eingetaucht zu sein? Fast so, als würden Sie **„in der Sache völlig aufgehen"** und Ablenkungen oder anderen Gedanken wenig bis gar keine Aufmerksamkeit schenken?* In solchen Situationen befinden Sie sich in einer engagierten Denkweise.

Diese Denkweise erfordert die volle Konzentration und Aufmerksamkeit des Menschen. Dadurch werden Ablenkungen herausgefiltert, und die gesamte Aufmerksamkeit wird auf die Aufgabe gerichtet. Tagträume und andere Gedanken werden in das Unterbewusstsein verbannt, was eine ununterbrochene Konzentration gewährleistet. Diese Denkweise ist auch sehr vorteilhaft für die Verringerung des Stressniveaus, da wir dadurch die Energie auf unsere Prioritäten lenken können.

Die engagierte Denkweise ist nicht nur für die Produktivität förderlich, sondern auch für gesunde Gespräche. Wenn sich jemand engagiert, zeigt das, dass er sich für den Standpunkt seines Gegenübers interessiert und ihm das Gefühl gibt, gehört zu werden. Stellen Sie sich vor, ein Freund erzählt Ihnen aufregende Neuigkeiten über ein neues Jobangebot. Wenn Sie sich engagieren, können Sie das ganze Bild ohne Ablenkungen erfassen. So können Sie die Sorgen des anderen besser verstehen, Mitgefühl zeigen und Trost spenden.

Die zweite Denkweise, das sogenannte automatische Denken, arbeitet im Hintergrund unseres Geistes. In diesem Zustand fließen unsere Gedanken mühelos, ohne bewusste Verarbeitung oder Anstrengung. Der implizite Denkprozess während des automatischen Denkens steuert unsere Reaktionen auf verschiedene äußere Reize. Im Wesentlichen löst diese instinktive Wahrnehmung unserer Umgebung unseren nächsten Schritt aus und veranlasst uns, handlungsfähige Schritte zu unternehmen.

Einem entgegenkommenden Fahrzeug auszuweichen, ist zum Beispiel ein Akt, der reflexartig erscheint. In einem Moment kümmern Sie sich um Ihre Angelegenheiten, im nächsten springen Sie dem Auto mit Herzrasen aus dem Weg. Doch solche Reaktionen sind auf das automatische Denken zurückzuführen, das die kalibrierte Reaktion auf äußere Reize steuert. Fast augenblicklich verarbeitet das Gehirn eine Reihe von Faktoren. Dazu gehören Größe, Geschwindigkeit und Bahn des ankommenden Fahrzeugs, die verfügbaren visuellen und auditiven Hinweise und das Vorhandensein (oder Fehlen) möglicher Fluchtwege. In den Millisekunden, die das Gehirn braucht, um diese Analyse abzuschließen, gibt es den Befehl zum Ausweichen, und Sie weichen aus. Unser Gehirn ist also erstaunlich gut darin, durch automatisches Denken Schlussfolgerungen zu ziehen und Aktionspläne zu entwickeln.

Unser Gehirn fällt jedoch oft Fehlinformationen zum Opfer, auf die wir keinen Einfluss haben. Wenn das automatische Denken auf ungenauen Daten beruht, kann es uns zu unverantwortlichen Handlungen verleiten. So kann beispielsweise eine einflussreiche Persönlichkeit, die Anschreien als wirksames Mittel zur Durchsetzung von Autorität propagiert, unsere Wahrnehmung beeinflussen. Leider wird die Gültigkeit dieser Idee nicht infrage gestellt, da unser Gehirn beim automatischen Denken auf Abkürzungen und Heuristiken zurückgreift. Diese Abkürzungen können im täglichen Leben hilfreich sein, sie können aber auch fehlerhaft sein und zu suboptimalen Ergebnissen führen. Im Beispiel des Anschreiens zur Durchsetzung der Dominanz mag die zugrunde liegende Prämisse gültig erscheinen, weil sie uns von einer angesehenen Person beigebracht wurde. Unser Gehirn stellt sie daher nicht infrage, weil es weniger kognitiven Aufwand erfordert, das Verhalten zu übernehmen.

Um dem entgegenzuwirken, ist es notwendig, unsere Gedanken zu reflektieren und zu überprüfen, um unrichtige Informationen auszusortieren. Befolgen Sie bei der Einführung eines Filterprozesses für unsere automatischen Gedanken die folgenden Schritte:

1. **Erkennen Sie Ihre automatischen Gedanken.** Lernen Sie, die automatischen Gedanken zu erkennen, mit denen Sie auf bestimmte Situationen reagieren.

2. **Erkennen Sie kognitive Verzerrungen.** Kognitive Verzerrungen sind ungenaue Überzeugungen, die zu negativen Denkmustern führen können. Wenn Sie diese Muster erkennen, können Sie sich mit ihnen auseinandersetzen und ihre Gültigkeit infrage stellen.

3. **Entwickeln Sie positive Selbstgespräche.** Positive Selbstgespräche sind positive und unterstützende Gespräche mit sich selbst. Erstellen Sie eine Liste mit Affirmationen oder positiven Aussagen, um negativen Selbstgesprächen entgegenzuwirken.

Auch frühere Traumata und unangenehme Erfahrungen können automatisch negatives Denken auslösen. Angst und Unsicherheit können unser Urteilsvermögen vernebeln, sodass unser automatisches Denken seine Schutzfunktion nicht mehr erfüllen kann. Eine kognitive Verhaltenstherapie ist hier eine hervorragende Lösung. Ein weiteres Mittel ist der sokratische Dialog, der eine Methode bietet, Schlussfolgerungen oder Entscheidungen kritisch zu hinterfragen. Eine andere Möglichkeit ist, wiederkehrende negative Gedanken aufzuschreiben und sie objektiv zu prüfen. Anschließend können Sie diese Gedanken in positivere Formulierungen umwandeln, was zur Bekämpfung der Negativität beitragen kann.

Das analytische Denken hingegen stellt die dritte Denkweise dar und ist ein absichtlicher Prozess. Als Teil des expliziten Denkprozesses üben Sie direkte Kontrolle über diesen aus. Das analytische Denken befähigt uns, Daten zu manipulieren, um fundierte Entscheidungen zu treffen, selbst wenn wir mit komplexen Situationen konfrontiert sind. Durch diesen Prozess untersuchen wir Beweise, Erfahrungen und Bedingungen und nutzen dabei die in unserem Gedächtnis gespeicherten Informationen.

Es gibt sechs Unterkategorien des analytischen Denkens:

- **Beobachtung.** Die Fähigkeit, Details, Muster und Beziehungen wahrzunehmen. Diese Unterkategorie ist entscheidend für die analytische Denkweise, da sie es ermöglicht, Daten zu sammeln und neue Erkenntnisse zu gewinnen. Im alltäglichen Leben kann die Beobachtung durch Aufmerksamkeit für Details, die normalerweise unbemerkt bleiben, verbessert werden.
- **Reflexion.** Umfasst das gründliche Nachdenken über Erfahrungen und Ideen. Es ist eine effektive Unterkategorie zur Problemlösung, die verschiedene Perspektiven bewertet und mögliche Lösungen in Betracht zieht. Reflexion hilft auch bei der Entscheidungsfindung, indem sie es uns ermöglicht, das Für und Wider abzuwägen und langfristige Auswirkungen in Betracht zu ziehen.
- **Lösungen generieren.** Bezieht sich auf kritisches und kreatives Denken, um neue Lösungen für Probleme zu finden. Bei der Umsetzung werden abstrakte Ideen in praktische, messbare Ziele umgewandelt. Diese Unterkategorie ist für die Umsetzung von Entscheidungen und das Erkennen neuer Möglichkeiten unerlässlich.
- **Planung.** Prozess der Erstellung eines Fahrplans zur Erreichung eines Ziels. Sie ist die Unterkategorie, die den erarbeiteten Lösungen Sinn und Richtung gibt. Darüber hinaus beinhaltet sie die Organisation von Ressourcen, die Festlegung von Zeitplänen und die Identifizierung potenzieller Hindernisse, um Lösungen effektiv umzusetzen. In der persönlichen Entwicklung kann die Planung entscheidend sein, um Ziele systematisch zu erreichen.

- **Mentale Leistungsfähigkeit.** Die kognitiven Fähigkeiten, die erforderlich sind, um eine analytische Denkweise aufrechtzuerhalten. Dazu gehören Konzentration, Erinnerungsvermögen und Multitasking. Die Verbesserung der mentalen Leistungsfähigkeit kann die Produktivität, die Kreativität und die Entscheidungsfindung steigern. Einfache Aktivitäten wie Lesen oder Denksportaufgaben tragen zur Verbesserung der mentalen Leistungsfähigkeit bei.
- **Vorstellungskraft.** Szenarien und Ideen entwerfen und visualisieren. Diese Unterkategorie ist entscheidend für kreatives Denken, da sie es ermöglicht, über äußere Grenzen hinauszusehen. Außerdem hilft die Vorstellungskraft dabei, neue Konzepte zu entwickeln, Lösungen zu visualisieren und Möglichkeiten auszuloten. Dies führt zu unkonventionellen und innovativen Ergebnissen.

Konzentrieren Sie sich auf die Unterkategorie Beobachtung, um Ihr analytisches Denken optimal zu nutzen. Wenn Sie Details, Muster und Beziehungen sorgfältig wahrnehmen, können Sie hochwertige Daten sammeln und neue Erkenntnisse gewinnen. Die anderen Unterkategorien – Reflexion, Lösungen generieren, Planung, mentale Leistungsfähigkeit und Vorstellungskraft – bauen auf der Grundlage der Beobachtung auf, um zuverlässige Ergebnisse zu erzielen. Beachten Sie auch, dass die Schlussfolgerungen, die Sie mithilfe des analytischen Denkens ziehen, möglicherweise nicht mit den Erkenntnissen übereinstimmen, die Sie mithilfe der anderen Denkweisen gewonnen haben. Ungleiche Feststellungen führen zu *„kognitiver Dissonanz"*, das heißt zu mentalen Widersprüchen, die Sie verwirren. Wenn dies der Fall ist, sollten Sie Ihre Schlussfolgerung mithilfe einer anderen Denkweise überprüfen und herausfinden, wie Sie sie ändern müssen. Ermitteln Sie außerdem, was die Ursache für die unterschiedlichen Ergebnisse ist.

Allerdings sollten Sie diese dritte Denkweise nicht überstrapazieren, auch wenn sie zu zuverlässigen Ergebnissen führt. Wenn wir eine Situation oder ein Problem zu sehr analysieren, werden wir durch Unentschlossenheit gelähmt oder zweifeln unsere ursprünglichen Schlussfolgerungen an. Ganz zu schweigen davon, dass dies Ihr Selbstvertrauen schwächt, weil Sie sich ständig selbst infrage stellen. Denken Sie daran, dass alle drei Denkweisen ihren Zweck haben und genutzt werden sollten. Wenn Sie die Bedeutung und Funktionsweise der einzelnen Denkweisen verstehen, werden Sie Ihren Verstand besser kennenlernen und wissen, wie Sie ihn optimal nutzen können.

Kapitel 3
Gedanken und Emotionen

Als Menschen sind unsere Gedanken und Gefühle ein untrennbarer Teil unseres Lebens. An manchen Tagen wachen wir auf und fühlen uns energiegeladen und bereit, die Welt zu erobern. Doch an anderen Tagen fällt es uns schwer, das Bett zu verlassen. Manchmal sind wir von Zufriedenheit und Liebe erfüllt, zu anderen Zeiten fühlen wir uns von Angst oder Traurigkeit überwältigt. Unsere Gedanken und Gefühle können mit einer wilden Achterbahnfahrt verglichen werden, die wir alle erleben, unabhängig von unseren Vorlieben. *Aber was genau sind Gedanken und Gefühle, und warum haben sie eine solche Macht über uns?*

Was sind Emotionen?

Emotionen sind die Linse, durch die wir die Welt um uns herum wahrnehmen. Sie lassen sich in Gefühle über uns selbst, andere Menschen, Dinge und Zustände unterteilen. Zum Beispiel ist das Gefühl, stolz auf sich selbst zu sein, weil man Selbstbeherrschung zeigt, wenn man in Versuchung gerät, eine Emotion, die durch ein inneres Ereignis ausgelöst wird. Das Gefühl der Langeweile, wenn man in einer stockenden Warteschlange wartet, ist dagegen eine Emotion, die durch äußere Faktoren hervorgerufen wird.

Wir können zwar unterschiedlich auf Emotionen reagieren, aber es kann schwierig sein, angemessen zu reagieren, wenn wir die Gefühle, die wir erleben, nicht verstehen. Der Aufbau eines emotionalen Vokabulars ist eine Lösung für dieses Phänomen. Dazu gehört, dass wir die Definitionen für mehrere Ebenen von Emotionen und Gefühlen verstehen, nicht nur für die übergeordneten. Listen mit emotionalem Vokabular sind online verfügbar, und Sie können mit einer schnellen Suche leicht darauf zugreifen.

Emotionen helfen uns, uns miteinander zu verbinden und Meinungsverschiedenheiten zu überwinden. Tatsächlich sind Emotionen der entscheidende Faktor für bis zu 90 % unserer Entscheidungen *(Natarelli, o. D.)*. Sie können also Emotionen nutzen, um Verständnis für andere zu schaffen und Ihre Gruppen einander näherzubringen. Emotionale Bindungen sind oft die treibende Kraft hinter Gemeinschaftsgruppen, die sich um Veränderungen bemühen. Selbst wenn Sie nicht die richtigen Worte finden, um Ihren Standpunkt zum Ausdruck zu bringen, können Ihre Emotionen Ihnen helfen, ihn wirksam zu vermitteln.

Außerdem sind Emotionen ansteckend, das heißt Menschen erleben einen ähnlichen emotionalen Zustand wie die Menschen in ihrer Umgebung. Dieser Grundsatz der emotionalen Ansteckung zeigt, wie Emotionen als Instrument der Beeinflussung genutzt werden können. Wenn man beispielsweise einen verärgerten Mitarbeiter ignoriert, werden wahrscheinlich auch andere verärgert sein. Spricht man hingegen mit dem Mitarbeiter und hört sich seine Sorgen an, trägt man dazu bei, die Situation zu entschärfen. Auf diese Weise wird verhindert, dass andere in einen aufgeregten Zustand versetzt werden.

Unsere kulturellen Traditionen und Überzeugungen haben großen Einfluss darauf, wie wir unsere Gefühle ausdrücken und mit ihnen umgehen. Während es in einigen Kulturen als gesund gilt, seine Gefühle offen mitzuteilen, fordern andere, zurückhaltend und *„stark"* zu sein, indem man seine Gefühle versteckt oder für sich behält. So gilt es in einigen westlichen Kulturen als gesund und ehrlich, anderen seine Gefühle, Gedanken und Meinungen mitzuteilen. Im Gegensatz dazu gilt es in einigen asiatischen Kulturen, insbesondere in Japan, als unhöflich, negative Emotionen wie Wut auszudrücken, und kann bei anderen Unbehagen hervorrufen. Folglich streben

Japaner oft nach Harmonie und vermeiden Konfrontationen. Das heißt, sie neigen dazu, negative Emotionen zu unterdrücken und indirekte Kommunikation statt Konfrontation zu verwenden.

Darüber hinaus beeinflusst auch die Genetik unsere Emotionen, unsere genetische Struktur kann bestimmen, wie wir auf sie reagieren. Manche Familien sind zum Beispiel offener und lieben soziale Kontakte. Andere hingegen sind eher zurückhaltend und zeigen nie, was sie fühlen. Dies führt jedoch zu unangenehmen Familientreffen, bei denen die verschiedenen Zweige der Familie nicht zueinanderzufinden scheinen.

Schließlich können auch körperliche Erkrankungen wie Hirntumore, Krebs, Parkinson, Multiple Sklerose und Alzheimer unsere Gefühle beeinflussen. Schilddrüsenerkrankungen können unsere Hormone schwanken lassen, was zu unterschiedlichen emotionalen Reaktionen führt. Stoffwechselkrankheiten wie Diabetes können zu Schwankungen des Energieniveaus führen, was sich auf unsere Gefühle auswirkt.

Wie Gedanken Emotionen beeinflussen

Die Art und Weise, wie man denkt, kann die Art und Weise, wie man fühlt, verändern. Tatsächlich sind unsere Emotionen von Natur aus flexibel und werden sowohl von inneren als auch von äußeren Erfahrungen beeinflusst. Das gilt auch für unsere innere Welt, in der unsere Gedanken und Gefühle interagieren können. Wenn Sie zum Beispiel etwas hässlich finden, wie ein ausgestelltes Kunstwerk, fühlen Sie wahrscheinlich keine Begeisterung. Umgekehrt können unsere Gefühle auch die Art und Weise beeinflussen, wie wir über etwas denken. So kann eine positive Interaktion mit jemandem dazu führen, dass wir alle negativen Gedanken über diese Person beiseiteschieben, da diese angenehmen Schwingungen alles andere überlagern. Diese Wechselwirkungen zwischen

Gedanken und Gefühlen sind dynamische Vorgänge, die unser tägliches Leben beeinflussen.

Eine dynamische Beziehung zu unseren Gedanken und Gefühlen ermöglicht es uns, unsere Perspektiven zu verfeinern und zu verändern. Unsere anfänglichen Eindrücke von einer Person oder einer Sache sind also nicht von Dauer. Wir können sie daher ändern, wenn wir neue Erkenntnisse und Informationen gewinnen. Nehmen wir an, Sie dachten zunächst, dass ein bestimmtes Buch aufgrund des Titels und des Covers nicht lesenswert sei. Nachdem Sie jedoch Rezensionen und Empfehlungen von vertrauenswürdigen Personen gelesen haben, beschließen Sie, dem Buch eine Chance zu geben. Zu Beginn der Lektüre stellen Sie fest, dass das Buch viele wertvolle Erkenntnisse enthält, auf die Sie allein nicht gekommen wären. Das führt dazu, dass Sie Ihre Sichtweise auf das Buch ändern. Dieses Beispiel zeigt, wie eine dynamische Beziehung funktioniert.

Mithilfe der Gedanken können Sie auch die Gefühle, die Sie für jemanden hegen, selbst untersuchen. Mit Beobachtung und Logik lassen sich übermäßig harte Gefühle aufspüren. Eine Selbstuntersuchung könnte Ihre Gefühle für die betreffende Person ändern, wenn Ihre Gefühle nicht begründet waren.

Der Einfluss unserer Gedanken auf unsere Gefühle kann sich auch in unseren Gewohnheiten und Persönlichkeitsmerkmalen zeigen. Nehmen wir zum Beispiel an, Sie informieren sich regelmäßig über die neuesten Nachrichten zu Themen, die Sie interessieren. In diesem Fall ist es wahrscheinlicher, dass Sie sich emotional in diese Themen einbringen. Umgekehrt werden Sie vielleicht keine starken Emotionen empfinden, wenn etwas nicht Ihr typisches Interesse weckt. Außerdem kann auch Ihre Persönlichkeit Ihre emotionale Reaktion beeinflussen. So fühlen sich extrovertierte Menschen in einem sozialen Umfeld vielleicht wohler und zufriedener als introvertierte. Sowohl Gewohnheiten als auch Persönlichkeitsmerkmale können zu einem unterschiedlichen Grad an Aufmerksamkeit führen, was sich auf unsere emotionalen Reaktionen auswirkt. Im Allgemeinen gilt: Je mehr Aufmerksamkeit wir etwas schenken, desto stärker wirkt es sich auf unsere Stimmung aus.

Es gibt im Allgemeinen zwei Möglichkeiten, eine Emotion zu verändern:

1. **Neubewertung der eigenen Gedanken und Gefühle in Bezug auf die Situation.** Dazu gehört die Selbstbeobachtung und die Betrachtung verschiedener Perspektiven. Wenn Sie zum Beispiel ein negatives Feedback zu einem Projekt erhalten, an dem Sie gearbeitet haben, könnten Sie zunächst enttäuscht sein. Wenn Sie jedoch darüber nachdenken, erkennen Sie vielleicht einige wichtige Punkte in der Rückmeldung, die Sie zur Verbesserung Ihrer Arbeit nutzen können. Wenn Sie das Feedback aus einer anderen Perspektive betrachten, können Sie Ihre ursprünglichen Gefühle neu bewerten. Dies führt zu persönlichem Wachstum und Entwicklung.

2. **Veränderung der äußeren Reize.** Dazu gehört, dass Sie Ihr Umfeld oder Ihre Umstände ändern, um Ihren emotionalen Zustand zu verbessern. So könnte ein Wechsel zu einem Unternehmen mit einer gesünderen Einstellung gegenüber Mitarbeitern die Lösung sein, wenn Sie einen Arbeitsplatz haben, an dem Sie nicht wertgeschätzt werden. Ihr Arbeitsumfeld ist ein täglicher externer Stimulus, und eine Änderung dieses Stimulus kann Ihren emotionalen Zustand gegenüber Ihrer Karriere verbessern.

Darüber hinaus haben Positivitätsforscher festgestellt, dass 10 % des Glücks von den Lebensumständen abhängen. Dann hängen 40 % von den Dingen ab, die Sie tun, um glücklicher zu werden, und 50 % von Ihren Genen *(Lyubormirsky, Schkade, & Sheldon,*

2015). Diese Statistiken zeigen, dass fast die Hälfte (40 %) Ihres Glücks direkt in Ihrer Hand liegt.

Die *kognitive Verhaltenstherapie (KVT)* ist eine wirksame Technik zur Steigerung des Glücks. Diese Therapie verändert Ihre Denkmuster, indem sie Sie über negative Gedanken und deren wiederkehrende Zyklen informiert. Indem Sie Ihr automatisches negatives Denken ändern, beeinflusst die KVT Sie positiv, auch wenn Sie sich dessen nicht bewusst sind. Außerdem ermöglicht sie Ihnen, Ihre Aufmerksamkeit besser zu kontrollieren und sich auf die gesündeste, positivste Richtung zu konzentrieren. Der größte Vorteil der KVT sind ihre langfristigen Auswirkungen auf Ihr geistiges Wohlbefinden.

Das „*Affect labeling*" ist eine weitere Technik zur Verbesserung von Glück und Positivität. Wenn Sie Emotionen erleben, können Sie diese benennen und einen Schritt zurücktreten, um den Kontext und Gefühlszustand objektiv zu bewerten, und präzise Details anstelle von vagen Gefühlen zu erhalten. Indem Sie den Stimulus, der Ihre Emotion ausgelöst hat, zurückverfolgen und Ihre Gefühle klar benennen, können Sie einen geeigneten Aktionsplan festlegen. Auf diese Weise behalten Sie die Kontrolle über die Situation, anstatt sich überwältigt und verwirrt zu fühlen.

Abgesehen von diesen Techniken können Vergebung, Freundlichkeit, Dankbarkeit, Achtsamkeit und Positivitätsübungen helfen, gestörte Beziehungen zu heilen, auch die zu sich selbst. Der Aufbau von Achtsamkeit kann durch verschiedene Methoden erfolgen, zum Beispiel durch Meditation, Atemtechniken und Visualisierung. Sie können positives Denken fördern, indem Sie täglich Affirmationen durchführen und sich selbst in einem Zustand des Erfolgs oder Glücks visualisieren.

Emotionen helfen Ihnen, Situationen zu bewältigen und das Erlebte zu verarbeiten. Doch um ihre heilende Wirkung optimal nutzen zu können, sollten Sie wissen, dass Sie sie kontrollieren können, und verstehen, wie Ihre Gedanken sie beeinflussen können. Wenn Sie dies erreicht haben, können Sie Ihre Emotionen nutzen, um Ihre Gedanken positiv zu beeinflussen, indem Sie negative Denkmuster zum Positiven verändern. Durch die Anwendung dieser Techniken und die Veränderung negativer Denkmuster können Sie Ihr Glück steigern und Ihr Leben positiv verändern.

Negative Denkmuster

Negative Gedanken können sich an uns heranschleichen und unsere Wahrnehmung von Situationen verzerren. Aber die Realität ist vielleicht gar nicht so düster, wie unsere Gedanken sie erscheinen lassen. Um eine falsche Interpretation von Informationen zu vermeiden, ist es wichtig zu wissen, wie negative Denkmuster entstehen und welche negativen automatischen Gedankenmuster am häufigsten auftreten. Auf diese Weise können wir erkennen, wann sie auftreten, und die Situation neu bewerten, um unsere Beobachtungen in eine genauere Richtung zu lenken.

Kognitive Verzerrungen sind eine Untergruppe der negativen Denkmuster. Verzerrungen führen zu falschen Annahmen. Zu diesen falschen Annahmen gehören eine zu kritische Selbsteinschätzung und eine Verdrehung der Realität. Negative Gedanken sind jedoch nicht dasselbe wie negative Denkmuster. Erstere sind vorübergehend, während letztere alles immer in ein schlechteres Licht rücken. So werden gute Dinge schlechtgemacht, während schlechte Dinge noch schlechter gemacht werden.

Dieser Prozess kann destruktiv sein und die psychische Gesundheit dauerhaft beeinträchtigen, wenn er zu lange unkontrolliert bleibt. Und für jemanden, der bereits mit seiner psychischen Gesundheit zu kämpfen hat, kann der negative Denkprozess einen noch tiefer in den Abgrund reißen – manchmal sogar über die eigene Belastungsgrenze hinaus. Deshalb müssen Sie alles tun, was Sie können, um diesen Denkprozess zu unterbrechen und die positiven Dinge in Ihrem Leben und die neutralen Dinge als das zu sehen, was sie sind. Das geht am besten, wenn Sie die Auslöser für die negativen Denkprozesse kennen, die Sie möglicherweise verwenden.

Eine der Arten, wie Denkprozesse in Ihrem Leben die Oberhand gewinnen können, ist die Verherrlichung des Kampfes. Popkultur, Geschichte, Kunst und Literatur loben ihn. Die Überwindung von Schwierigkeiten und der Erfolg sind zwar großartig, aber sie bringen auch Schmerzen, Unbehagen und Unzufriedenheit mit sich. Verherrlichen Sie also nicht das Kämpfen, sondern das Ziel, den Erfolg, die Freude oder die Erleuchtung am Ende des Kampfes.

Die übermäßige Fokussierung auf die negativen Aspekte des Lebens ist ein weiterer Auslöser für negative Denkprozesse. Dinge wie Terror, Krieg und Gewalt sind überall um uns herum – sie sind die Obsession der Nachrichtenkonzerne. Auch einige Social-Media-Plattformen fixieren sich auf negative Beiträge. Es gibt jedoch auch gute Dinge, wie zum Beispiel ein Kind, das seinen Abschluss macht, oder eine Frau, die ihr eigenes Unternehmen gründet. Wenn man sich auf das Gute und das Schlechte konzentriert, erhält man eine ausgewogenere Perspektive.

Ebenso neigen wir natürlich zu negativem Denken, wenn wir mit schwierigen Situationen konfrontiert werden. Bestimmte persönliche Erfahrungen können diese Tendenz jedoch noch verstärken. Wenn man beispielsweise erfährt, dass man an einer Krankheit leidet, auf die man keinen Einfluss hat, kann das ein schwerer Schlag für das psychische Wohlbefinden sein. Auch der Umgang mit anhaltenden psychischen Problemen kann sehr belastend sein. Dennoch ist es für ein erfülltes und befriedigendes Leben von entscheidender Bedeutung, eine optimistische Grundhaltung zu kultivieren. Selbst wenn nichts Gutes passiert, kann es einen Unterschied machen, sich auf die kleinen Dinge zu konzentrieren, die Ihnen Freude oder Trost bringen. Wenn Sie sich bemühen,

Ihre Denkweise zu ändern, können Sie sich selbst befähigen, die Herausforderungen des Lebens mit einem neuen Sinn für Zielstrebigkeit und Widerstandsfähigkeit zu meistern.

Eine andere Sache, die weniger unter unserer direkten Kontrolle steht, ist die genetische und evolutionäre Notwendigkeit, um das Überleben zu kämpfen. Dieses Bedürfnis ist fest mit unserer Existenz verdrahtet und kann dazu führen, dass wir Bedrohungen aus mehreren Richtungen sehen, selbst wenn keine wirklichen Bedrohungen vorhanden sind. Der Kampf- oder Fluchtmechanismus kann dieses Überlebensbedürfnis ebenfalls aktivieren. Wenn der Kampf- oder Fluchtmechanismus aktiviert ist, neigen wir dazu, ein stärkeres Bedürfnis zu verspüren, uns selbst und das, was wir lieben, zu schützen. Dieser Mechanismus kann dazu führen, dass Sie sich vor Menschen und Umständen *„schützen"*, die Ihnen in erster Linie gar nicht schaden oder negativ sind.

Negative Denkmuster können also verschiedene Ursachen haben, von denen einige bereits erwähnt wurden. Es kann aber auch andere Auslöser geben, die zu negativen Gedanken führen. Der Schlüssel zur Überwindung dieser Muster liegt darin, die eigentliche Ursache zu erkennen. Dazu müssen Sie aktiv nach dem Auslöser suchen, ihn benennen und die Kontrolle über die Situation übernehmen. Wenn Sie wissen, womit Sie es zu tun haben, können Sie den ersten Schritt tun, um negative Denkmuster zu überwinden und ein positiveres Leben zu führen.

Kognitive Verzerrung

Kognitive Verzerrungen sind, um genau zu sein, Veränderungen der Wahrheit durch den Verstand eines Menschen. Eine weniger verbreitete Variante davon ist, Dinge ins Positive zu verkehren, obwohl sie alles andere als positiv sind. Die Verzerrung der Realität ins Negative führt zu selbstzerstörerischem Verhalten und langfristigem Unglücklichsein, was sich von einer negativen Sichtweise der Realität aufgrund einzelner Beobachtungen oder Ereignisse unterscheidet.

Auf einer tieferen Ebene führen die kognitiven Verzerrungen zu nihilistischem Denken. Nihilismus leugnet die Möglichkeit von Wahrheit und objektiver Realität. Stattdessen wird behauptet, dass das Leben bedeutungslos und alles sinnlos ist. Wenn jemand diese Philosophie vertritt, behauptet er oft, dass es so etwas wie Moral, Werte oder Ethik nicht gibt, weil das Leben angeboren und ohne Sinn ist. Diese Art des Denkens kann zu Verzerrungen führen, die dem Leben die Freude und den Genuss rauben. Sie macht es auch schwierig, etwas Gutes oder Lustiges in sich selbst oder den Menschen um einen herum zu sehen, was einen in einen niedrigen emotionalen Zustand versetzt.

Häufige Ursachen für Verzerrungen sind Überdenken, zynische Feindseligkeit und Grübeln. Übermäßiges Denken bedeutet, dass man immer wieder über etwas nachdenkt, um *„jeden möglichen Blickwinkel“* auf ein Problem zu bekommen. Wenn die Dinge nicht mit einem dieser Pläne oder Vorhersagen übereinstimmen, führt dies zu kognitiven Verzerrungen, die entweder das Scheitern erklären oder Sie dafür verantwortlich machen. Das Ergebnis ist, dass Sie die Realität anders wahrnehmen als die harten Fakten, wodurch Sie weniger in der Lage sind, Ihre täglichen Anforderungen zu bewältigen.

Zynische Feindseligkeit liegt hingegen vor, wenn Sie etwas Falsches über eine andere Person denken und dies offen kommunizieren. Wahrscheinlich halten Sie sie unter anderem für nutzlos, böse oder unecht. Eine zynische Sichtweise kann dazu führen, dass Sie sich nicht auf andere als Quelle der Unterstützung verlassen wollen. Außerdem sind Sie dadurch nicht in der Lage, gesunde Beziehungen zu pflegen, in denen Sie emotionale Unterstützung erhalten und Lebenserfahrungen verarbeiten können. Das Ergebnis kann zu wenig hilfreichen und ungesunden Verzerrungen in Bezug auf Sie selbst und andere Menschen führen. Ein erster Schritt zur Vermeidung dieser Ursache für kognitive Verzerrungen sind Empathieübungen. Nehmen Sie sich einige Augenblicke Zeit, um die Augen zu schließen und sich in die Lage eines anderen Menschen zu versetzen. Stellen Sie sich vor, wie es sich anfühlen würde, diese Person zu sein und die Situation zu erleben, die sie gerade durchmacht. Erlauben Sie sich, die Emotionen dieser Person nachzuempfinden, und versuchen Sie, ihre Perspektive zu verstehen, ohne sie zu verurteilen. Sie können sich auch Fragen stellen wie: *„Was könnte sie dazu veranlassen, so zu handeln?"* oder *„Welche Probleme könnte sie haben, von denen ich nichts weiß?"*

Beim Grübeln denken Sie über Ihre Schwächen oder die Dinge nach, die Sie nicht gut gemacht haben. Sie fixieren sich auf die negativen Dinge, die mit Ihnen verbunden sind, was es schwierig macht, sich proaktiv für eine bessere Zukunft einzusetzen. Wenn Ihnen schlechte Dinge, die Ihnen passiert sind, immer wieder durch den Kopf gehen, werden Sie anfangen, kognitive Verzerrungen zu verwenden, die Ihre guten Eigenschaften noch mehr zerstören. Wenn Sie etwas tun, um Ihren Geist mit positiveren Dingen zu beschäftigen, stoppen Sie diesen Prozess. Sie können Ihren Geist mit positiven Dingen beschäftigen, indem Sie an angenehmen Aktivitäten teilnehmen, Hobbys nachgehen, lesen und Dinge im Haushalt tun, die Sie von Ihren Gedanken ablenken.

Eine der häufigsten kognitiven Verzerrungen besteht darin, dass man anderen die Schuld für seine Probleme gibt oder sich selbst die Schuld für all die schlechten Dinge gibt, die passiert sind. Eine andere ist die Überzeugung, dass man der Liebe, des Erfolgs oder der guten Dinge nicht würdig ist. Ebenso ist es, sich für etwas schuldig zu fühlen, auf das man keinen Einfluss hat. Die Verzerrung, dass jeder Sie hasst oder anlügt, treibt dies auf die Spitze. Der Versuch, jeden möglichen Punkt zu finden, um sich selbst oder sein Wohlbefinden zu zerstören, ist eine weitere häufige Verzerrung, ebenso wie der Glaube, dass die Probleme oder Belastungen anderer so wichtig sind, dass die eigenen keine Rolle spielen. Die Liste der möglichen Verzerrungen ist also endlos.

Der erste Schritt zur Überwindung von Verzerrungen ist die Beobachtung, wann man sie verwendet. Eine Möglichkeit, Verzerrungen zu erkennen, besteht darin, die Diskrepanz zwischen Fakten und Gedanken zu bemerken. Sich selbst herunterzumachen, wenn man Fortschritte macht, ist ein solcher Fall, so wie ein Bodybuilder sich selbst kritisiert, obwohl seine Größe, sein Gewicht und seine Ausdauer zugenommen haben. Achten Sie darauf, wie Sie Dinge in Ihrem inneren Dialog formulieren, insbesondere negativ formulierte Aussagen. Wenn Sie zum Beispiel mit Ihrem Studium zu kämpfen haben und pessimistische Gedanken hegen, können Sie diese in *„Ich unternehme Schritte, um meine akademischen Ergebnisse zu verbessern"* ändern. Diese Aussage bestätigt die Schritte, die Sie unternehmen.

Das Aufspüren von Verallgemeinerungen in Ihren Gedanken ist auch eine hervorragende Möglichkeit, Verzerrungen zu erkennen. Wenn Sie einzelne Vorfälle zu Beschreibungen Ihres gesamten Lebens oder Ihrer Persönlichkeit verallgemeinern, überprüfen Sie, was Sie sagen, und formulieren es so um, wie es wirklich ist. Die Änderung von *„Ich bin dumm"* in *„Ich habe bei diesem Test nicht gut abgeschnitten"* ist präziser und weniger selbstzerstörerisch. Die Suche nach dem Wort *„sollte"* ist eine weitere Möglichkeit, Verzerrungen zu erkennen. Es kann ein demotivierendes Wort sein, das uns zeigt, was wir nicht tun oder noch nicht erreicht haben.

Ebenso ist das Aufstellen von Vermutungen über Menschen oder Situationen eine Verzerrung, die sich in Ihren Geist einschleicht. Es gibt Ihnen das Gefühl, dass andere Sie in einem schlechten Licht sehen oder Sie andere in einem solchen Licht sehen sollten. Bevor Sie voreilige Schlüsse ziehen, fragen Sie die Beteiligten nach dem Sachverhalt. So können sie beschreiben, was vor sich geht oder was sie denken, ohne dass Sie es mit Vermutungen herausfinden müssen. Stellen Sie Nachforschungen an, wenn Sie die Fakten herausfinden müssen. Nachforschungen sind auch dann sinnvoll, wenn Sie bereits zu Schlussfolgerungen gekommen sind, die auf einer reinen Meinung beruhen, und diese „*bestätigen*" wollen. Durch eine solche Klärung wird aus dem „*Recht haben müssen*" entweder ein wirkliches „*Recht haben*" oder eine Korrektur von falschen Erkenntnissen.

Es geht nicht darum, vor den negativen Gedanken davonzulaufen, sondern sie so zu verändern, dass wir uns durch die Veränderung, die wir bereits vornehmen, gestärkt fühlen. Angenommen, Sie sind motiviert, etwas zu tun. In diesem Fall ist es sehr viel wahrscheinlicher, dass Sie die bestehenden Verzerrungen hinter sich lassen und sich den Situationen stellen, wie sie sind. Es ist ideal, ein Leben ohne Filter zu führen. Ungefiltertes Denken erreichen Sie, wenn Sie die Dinge so sehen, wie sie sind, und bereit sind, sich Herausforderungen zu stellen. Wenn Sie die Dinge so sehen, wie sie sind, stellen Sie vielleicht auch fest, dass vieles von dem „*Negativen*", das Sie auf sich nehmen, in erster Linie nichts mit Ihnen zu tun hat. Es ist das Problem von jemand anderem. Selbst wenn Sie etwas für sie tun könnten, würde es weder Ihnen noch der anderen Person helfen, wenn Sie sich zu sehr auf die Person konzentrieren, die Ihre emotionalen und geistigen Ressourcen aufzehrt.

Der springende Punkt ist, dass man Fortschritte macht. Es mag viele Veränderungen geben, bevor das ungünstige Szenario völlig aus dem Weg geräumt ist, aber den nächsten Schritt in diese Richtung zu tun, ermöglicht es Ihnen, sich zu konzentrieren, ohne sich mit dem gesamten Problem zu überwältigen.

Arten von negativen Denkmustern

Es gibt viele gängige Arten von Denkmustern mit nachteiligen Auswirkungen. Einige der häufigsten Typen werden hier kategorisiert und beschrieben.

Von voreiligen Schlüssen spricht man, wenn man etwas, meist über sich selbst, negativ interpretiert und bezeichnet, ohne die Situation zu untersuchen, um die Fakten zu ermitteln. Das Ergebnis ist, dass man eine *„entschiedene"* Meinung über eine Eigenschaft hat, die schlecht oder etwas Negatives ist. Unsachliche, dauerhafte, negative Gefühle resultieren aus der Unfähigkeit und dem Unwillen, Ansichten zu ändern. In diesem Fall besteht die Möglichkeit, die Gewohnheit zu durchbrechen, darin, die kritischen Dinge, über die man voreilige Schlüsse zieht, zunächst zu untersuchen, bevor man ihnen ein Etikett gibt.

Voreilige Schlussfolgerungen ähneln dem negativen Denkmuster des Übergeneralisierens, bei dem man aus einem Vorfall eine allgemeine Bewertung macht – so wird aus einem Autounfall die Überzeugung, dass man der schlechteste Autofahrer ist, den es je gab, und man seinen Führerschein sofort abgeben sollte. Ein ähnliches Muster besteht darin, das Gute herauszufiltern und nur das Schlechte gedanklich zu validieren. Sie betrachten vielleicht die Zeiten, in denen Sie bei einer Sache Fehler gemacht haben, und stellen es so dar, als ob Sie nur Fehler machen würden. Dabei sind Sie vielleicht ein Mensch, der oft gute Leistungen erbringt, aber Sie ignorieren das Gute, das Sie getan haben.

Ein weiteres Muster ist die Etikettierung oder Fehletikettierung. Dabei wird eine Situation, ein Vorfall oder ein Merkmal sehr weit gefasst – ein Vorfall wie der, dass ein Kind ein Glas fallen lässt. Nachdem man verallgemeinert hat, gibt man dem Vorfall ein Etikett, aber die Bezeichnung ist oft von beleidigender oder extremer Natur. Dem Kind, das das Glas fallen gelassen hat, könnte gesagt werden: *„Du bist ein Tollpatsch"* oder eine ähnliche Bezeichnung. Das Kind wird dann auf einer emotionalen oder psychologischen Ebene bis zu einem gewissen Grad niedergeschlagen und kann infolgedessen zu einer ungeschickten und dummen Person werden, die in das Schema passt, in das man es wiederholt gepresst hat.

Wahrsagen ist ein Muster, bei dem man etwas über die Zukunft annimmt (etwas Unerwünschtes) und sich damit abfindet, dass es eintritt. Man bemüht sich nicht, das zu ändern, was man glaubt, dass es eintreten könnte, und macht es dadurch wahrscheinlicher, dass es eintritt. Fast das Gegenteil davon, aber nicht ganz, ist das Auferlegen von Imperativen an sich selbst. Indem Sie sich selbst sagen, wie die Dinge sein *„sollten"* oder *„müssen"*, tun Sie alles, was Sie können, um die bestehenden Bedingungen oder den Verlauf der Dinge so zu verändern, dass sie die imperative Aussage widerspiegeln. Auch wenn Sie sich dadurch auf einer gewissen Ebene motiviert fühlen, besteht das Problem darin, dass Sie sich dadurch überfordern und ausbrennen. Außerdem fühlen Sie sich schuldig oder unzureichend, wenn Sie den Imperativ nicht erfüllen, was zu selbstzerstörerischen Ansichten führt.

Selbstbeschuldigung ist ein Prozess, bei dem Sie schlechte Dinge um sich herum personalisieren. Mit anderen Worten: Sie geben sich selbst die Schuld an widrigen Umständen, auch wenn Sie diese nicht verursacht haben. Eine unangenehme Personalisierung könnte der Fall sein, wenn ein geliebter Mensch verletzt oder ihm eine unheilbare Krankheit diagnostiziert wird – man gibt sich selbst die Schuld, obwohl man unmöglich die Ursache dafür sein kann. Fairness-Fehlschlüsse sind ein anderes negatives Denkmuster, das unter ähnlichen Umständen auftreten kann. Bei dieser Art des Denkens glaubt man, dass die Welt ungerecht ist und andere daran schuld sind, dass das Leben so kompliziert ist. Auch wenn diese Menschen nicht der Grund dafür sind, dass Sie oder eine Ihnen nahestehende Person etwas durchmachen, haben Sie dennoch das Gefühl, dass sie schuld sind oder die Ungerechtigkeit der Welt irgendwie auf sie zurückzuführen ist. Im Falle eines kranken Familienmitglieds könnte sich dies darin äußern, dass man ein anderes erfolgreiches Familienmitglied für die Krankheit verantwortlich macht, weil es die kranke Person nicht *„retten"* kann.

Veränderung ist ein weiterer Punkt, der leicht zu Irrtümern führt. Bei diesem mentalen Prozess projizieren Sie Ihre Wünsche auf jemanden. Sie erwarten, dass diese Person sich Ihren Bedürfnissen oder Wünschen anpasst, und stellen unfaire Erwartungen an sie. Emotionales Schlussfolgern ist ein Prozess, der zu ähnlichen Ergebnissen in der Art und Weise führen kann, wie Sie eine Person behandeln. In diesem Fall sagen Ihnen Ihre Gefühle, wie eine Person zu sein hat oder was sie getan hat, und nicht objektive Fakten oder das, was sie selbst zu sagen hat. Sie kann Ihre Meinung nicht beeinflussen, weil Ihre Gefühle bereits zu einem eindeutigen Urteil über sie geführt haben. Infolgedessen wird sie sich entweder sehr bemühen, sich zu ändern, damit Sie Ihre Meinung über sie verbessern, oder sie wird weiterziehen und Sie verlassen.

Ebenso ist die Polarisierung ein weiterer Prozess, der dazu führen kann, dass Sie eine übermäßig harte Meinung über jemanden haben. Sie sehen die Dinge in zwei Kategorien, entweder richtig oder falsch, ohne Platz in der Mitte. So ist jemand entweder völlig problematisch oder unerwünscht, oder er ist ein Wundertäter und verdient völlige Bewunderung. Die Polarisierung kann dazu führen, dass man das Leben zu einer Wettbewerbsmentalität vereinfacht, in der man gegen Menschen ist, die in die beiden ersten Kategorien fallen, und vielleicht sogar bösartiges Verhalten gegen sie rechtfertigt. Die Unfähigkeit, im Unrecht zu sein, ist ein Denkprozess, der sich auch auf Ihr Verhalten gegenüber anderen auswirken kann. Sie müssen so unbedingt Recht haben, dass selbst die schlechten Dinge, die Sie anderen antun, eine *„logische"* Erklärung haben. Es gibt keinen Raum für das Eingestehen von Fehlern, was bedeutet, dass es keinen Raum für Sie gibt, um in Ihrem Verhalten zu wachsen.

Wenn Sie *„die Gedanken von jemandem lesen"* und zu wissen glauben, was er über Sie denkt, wird sich dieser mentale Prozess negativ auf Ihre Beziehung auswirken. Sie schließen auf der Grundlage Ihres Glaubens (oder indem Sie eine Aussage dieser

Person als ihre zugrundeliegende Meinung ansehen), was sie von Ihnen oder einem bestimmten Thema hält. Eine solche Schlussfolgerung ähnelt der emotionalen Schlussfolgerung. Diese Person könnte dies nicht nur als Beleidigung auffassen, sondern es könnte viel mehr hinter ihren Gedanken und Meinungen über Sie oder das Thema stecken, denn Menschen sind komplexer als einzelne Aussagen, die sie machen.

Wir alle haben schon erlebt, dass es genau aus diesem Grund zu Streitigkeiten kam. Ein Beispiel ist eine Freundin, die über etwas Sensibles spricht, wie den Wunsch, ein Baby zu adoptieren. Die Freundin, mit der sie spricht, fragt sie, ob sie die ganze Verantwortung durchdacht habe. Sie fühlt sich gekränkt, weil sie das Gefühl hat, dass die Freundin ihr vorwirft, sie sei nicht verantwortungsbewusst genug. Obwohl dies wahrscheinlich nicht beabsichtigt war, kommt es zu einem Zerwürfnis, und die Beziehung zwischen den Freundinnen endet.

Es gibt ein Duo von Denkprozessen, das gegensätzlich ist, aber beide wirken sich negativ auf Ihr Leben aus. Die Maximierung steht an einem Ende des Spektrums. In diesem Fall nehmen Sie Ihre Fehler (und seien sie noch so klein) und lassen es so aussehen, als hätten Sie eine Katastrophe verursacht. Auf der anderen Seite steht die Minimierung, bei der Sie die positiven Dinge, die Sie getan haben, ignorieren und so tun, als gäbe es sie nicht. Beim ersten Denkprozess liegt der Schwerpunkt auf den Dingen, die man falsch gemacht hat, während beim zweiten das Gute absichtlich ausgeblendet und nicht in den Vordergrund gestellt wird.

Ein letzter typischer negativer Denkprozess, der erwähnenswert ist, ist der Kontrolltrugschluss. Dieser Trugschluss hat zwei Hauptvarianten. Erstens glauben Sie, dass Sie alles Schreckliche in Ihrem Leben kontrollieren, geben sich selbst die Schuld und machen sich selbst Vorwürfe. Bei der zweiten Variante denken Sie, dass Sie keine Kontrolle über Ihr Leben haben. Sie haben das Gefühl, dass die guten und schlechten Dinge ohne Ihren Einfluss geschehen, was dazu führt, dass Sie sich machtlos fühlen. Beide Varianten führen zu Denkprozessen, die das Leben unnötig schwer machen.

Mit gesunden Aktivitäten können Sie negative Denkmuster durchbrechen. Dazu gehören Meditation, das Führen eines Tagebuchs, Sport, Yoga und Atemübungen. Wenn Sie Ihre Denkweise ändern, indem Sie sich jeden Tag Zeit nehmen, um Dinge zu finden, die Sie an sich selbst lieben, die Schönheit der Welt zu sehen, schlechte Gedanken durch bessere zu ersetzen und ehrlich zu sich selbst zu sein, wird dies dazu beitragen, negative Gewohnheiten zu durchbrechen. Auch die Art und Weise, wie Sie Ihre Zeit einteilen, spielt eine große Rolle. Eine Verringerung der Zeit, die Sie in den sozialen Medien und auf Nachrichtenseiten verbringen, ist ein gesunder Weg, um negative Gedanken leichter zu überwinden.

Kapitel 4

Gedanken und Gefühle kontrollieren

Die mächtigen Kräfte unserer Gedanken und Gefühle haben großen Einfluss auf unser tägliches Leben. Sie können uns zu Großartigem inspirieren, uns zurückhalten und unangemessenen Stress und Ängste verursachen. Stellen Sie sich jedoch vor, Sie könnten diese inneren Vorgänge kontrollieren, anstatt von ihnen kontrolliert zu werden. Es mag zwar eine Herausforderung sein, aber mit den folgenden Techniken können wir unsere Gefühle und Gedanken in den Griff bekommen.

Fokus

In der schnelllebigen Welt von heute sind Ablenkungen allgegenwärtig. So wird unsere Aufmerksamkeit ständig in verschiedene Richtungen gelenkt. Sei es durch das ständige Summen von Benachrichtigungen oder die Versuchung, sich virale Videos anzusehen. Infolgedessen schrumpft unsere Aufmerksamkeitsspanne, und unsere Konzentrationsfähigkeit nimmt ab. Unsere Konzentration kann jedoch durch regelmäßiges Üben und eine Änderung der Gewohnheiten gestärkt werden.

Studien haben gezeigt, dass Überstimulation die Hauptursache für Ablenkung ist. Die ständige Flut von Informationen, die wir über unsere Geräte erhalten, löst die Ausschüttung von Dopamin aus, einem Neurotransmitter, der Freude erzeugt. Dieser Dopaminrausch verleitet uns dazu, noch mehr Stimulation zu suchen. Dies führt zu einem Teufelskreis aus Sucht und dem Bedürfnis nach ständiger geistiger Stimulation. Um dem entgegenzuwirken, müssen wir unserem Gehirn eine Pause von äußeren Reizen gönnen, indem wir uns regelmäßig langweilen.

Nehmen Sie sich zum Beispiel Zeit, um Ihre Geräte auszuschalten. Oder gehen Sie Tätigkeiten nach, die nur wenig geistige Stimulation erfordern, wie Gartenarbeit oder Putzen. Auf diese Weise können wir unseren Geist ausruhen und uns neu konzentrieren. Außerdem können wir in dieser Zeit unsere Gedanken und Gefühle ohne äußere Ablenkungen verarbeiten. Dadurch wird nicht nur unsere Aufmerksamkeitsspanne gestärkt, sondern auch unsere Kreativität und Selbstwahrnehmung gefördert.

Aber was passiert, wenn diese Pausen der Langeweile nicht ausreichen? Wenn unsere Fähigkeit, uns zu konzentrieren, durch Reizüberflutung beeinträchtigt wird, ist es vielleicht an der Zeit für eine Reizentlastung. So kann beispielsweise eine mindestens achttägige Technologiepause dazu beitragen, die Aufmerksamkeitsspanne wiederherzustellen und die Konzentration zu erleichtern. Während dieser Zeit sollten wir auf alle technischen Hilfsmittel wie soziale Medien, E-Mails und Telefonanrufe verzichten. Beschäftigen Sie sich stattdessen mit bereichernden, aber reizarmen Aktivitäten wie Lesen, Wandern oder Malen. Indem wir uns von unserer Abhängigkeit von äußeren Reizen befreien, können wir unseren Geist neu kalibrieren und zurücksetzen. Wenn wir dies tun, wird das Fokussieren natürlicher, und Ablenkungen lassen sich leichter ignorieren.

Die Verbesserung unserer Konzentration erfordert also Zeit und Mühe, aber die Vorteile sind umfassend. Durch regelmäßige Langeweile-Pausen und Reizentlastungen können wir unseren Geist trainieren, sich effektiver zu konzentrieren. Außerdem können wir Ablenkungen ausschalten, unsere Arbeit effizienter erledigen und unsere Ziele mit mehr Klarheit und weniger Stress erreichen.

Positives Denken

Positives Denken ist in unserem Leben von entscheidender Bedeutung, besonders in schwierigen Zeiten. Es trägt dazu bei, unsere Stimmung zu heben, und gibt uns den Antrieb für Erfolg und Fortschritt. Es ist zwar nicht immer möglich, ständig positiv zu denken, aber es gibt Möglichkeiten, unseren Geist darauf zu trainieren, sich auf das Positive zu konzentrieren.

Normalerweise werden wir von Demotivation oder mangelndem Vertrauen heimgesucht. Die Untersuchung dieser Gedanken kann jedoch aufdecken, welche Bereiche Ihres Geistes einer Veränderung bedürfen. Nehmen Sie sich einen Moment Zeit und prüfen Sie, ob Ihre Gedanken überwiegend positiv oder negativ sind. Wenn Sie beispielsweise in bestimmten Bereichen wie Karriere, Beziehungen oder persönliches Wachstum negative Gedanken haben, ist es an der Zeit, diese durch positive Affirmationen zu ersetzen.

Die regelmäßige Überprüfung Ihrer Gedanken ist eine wertvolle Übung, die Ihnen helfen kann, eine positivere Denkweise zu entwickeln. Sie kann Ihnen nicht nur helfen, problematische Bereiche Ihres Denkens zu erkennen, sondern auch aufzeigen, welche Bereiche Ihres Lebens am meisten Aufmerksamkeit benötigen. Indem Sie positive Affirmationen zu diesen Bereichen auflisten und Ihre Gedanken umformulieren, können Sie Ihre Denkmuster ändern und optimistischer werden.

Diese Übung hilft Ihnen also, eingefahrene Denkmuster zu durchbrechen, die Sie zurückhalten. Indem Sie im Laufe des Tages regelmäßig *„Boxenstopps"* einlegen, um Ihre Gedanken zu überprüfen, können Sie dauerhafte Gewohnheiten entwickeln, die positives Denken und persönliches Wachstum fördern. Mit der Zeit und etwas Übung wird positives Denken zu einem natürlichen Bestandteil Ihrer Denkweise.

Wenn Sie Humor in Ihre tägliche Routine einbauen, kann das auch Ihrer allgemeinen Stimmung und Ihrem Wohlbefinden sehr zugutekommen. Lachen steigert nicht nur das Glücksgefühl, sondern hilft auch, Stress und Spannungen abzubauen, die sich möglicherweise angestaut haben. Versuchen Sie jedoch, über den Tellerrand hinauszuschauen und Humor in Ihr soziales Umfeld einzubauen, anstatt sich mit einfachen Lachern aus albernen Videos oder Sitcoms zufriedenzugeben. Der Besuch von Comedy-Lesungen oder Live-Auftritten berühmter Komiker kann beispielsweise nicht nur für gute Lacher sorgen, sondern Ihnen auch ermöglichen, neue Kontakte zu knüpfen und Freundschaften zu schließen.

Eine weitere Möglichkeit, Humor zu nutzen, besteht darin, ihn auf negative Gedanken und Phrasen zu richten, die sich häufig in unserem Kopf wiederholen. Indem wir diese Sätze mit einer übermäßig dramatischen oder seltsam klingenden Stimme übertreiben, können wir ihre negativen Auswirkungen auf unsere Stimmung verringern. Nehmen wir an, Sie haben einen negativen Gedanken, der immer wiederkehrt, zum Beispiel *„Ich bin nicht gut genug"*. Wann immer dieser Gedanke auftaucht, können Sie ihn mit einer albernen Stimme übertreiben und ihn absurd klingen lassen. Sie könnten zum Beispiel sagen: *„Oh nein, ich bin nicht gut genug! Ich muss mich in einer Höhle verkriechen und für immer verstecken!"* Die Lächerlichkeit dieser Übung kann dazu beitragen, uns aus einer schlechten Stimmung zu befreien. Außerdem lenkt sie unsere Gedanken auf eine positivere und humorvollere Perspektive um.

Wenn wir uns mit Menschen umgeben, die uns inspirieren, unterstützen und unseren Tag aufhellen, bringt das Positives. Dagegen kann der ständige Umgang mit negativen Menschen unserer psychischen Gesundheit schaden. Es ist zwar nicht möglich, negative Menschen vollständig aus unserem Leben zu entfernen, aber wir können uns von ihnen distanzieren. Alternativ dazu sollten wir uns mehr auf die positiven Menschen in unserem Leben konzentrieren. Diese Menschen geben uns Auftrieb und lassen uns das Leben positiver sehen. Ihre Anwesenheit erhöht die Möglichkeit, unsere Ziele, Leidenschaften und Träume zu verwirklichen. Studien zeigen, dass ein positives, unterstützendes soziales Umfeld erhebliche psychologische Vorteile mit sich bringt. Zu diesen Vorteilen gehört die Freisetzung von Oxytocin, das Gefühle von Glück und Zugehörigkeit fördert.

Abgesehen davon sollten Sie positive Selbstgespräche in Ihr Leben einbauen und Ihre Denkmuster ändern. Sprechen oder denken Sie freundlich zu sich selbst und behandeln Sie sich wie einen Freund oder jemanden, den Sie mögen. Finden Sie die guten Eigenschaften in sich selbst und erkennen Sie diese an. Wie die amerikanische Medienpersönlichkeit RuPaul sagt: *„Wenn du dich selbst nicht lieben kannst, wie willst du dann jemand anderen lieben?"* Oder für unsere Zwecke ausgedrückt: Sie müssen damit beginnen, sich selbst zu lieben und das Gute in Ihnen zu schätzen. Dinge an sich selbst zu finden, für die man dankbar ist, ist ein hervorragender Ausgangspunkt, um positive Gewohnheiten für das Selbstgespräch zu entwickeln.

Positive Affirmationen sind ein wirksames Instrument zur Verbesserung Ihres Denkens, da sie durch Wiederholung die Gewohnheit verankern, positiv zu denken. Es gibt ein paar Dinge, die Sie tun können, um die Affirmationen noch effektiver zu machen. Die erste Möglichkeit ist, die Affirmationen auf Ihr Leben zuzuschneiden und sie zu personalisieren. Wenn Sie die Affirmationen in einer Sprache formulieren, die nicht verallgemeinert ist, haben sie mehr Wirkung und sind *„real"* für Sie. Formulieren Sie die Affirmationen in der Gegenwart, wiederholen Sie sie regelmäßig, und Sie werden Ihr Unterbewusstsein und Ihre unbewussten Gedanken schneller beeinflussen können.

Ebenso sorgen gesunde körperliche Gewohnheiten für einen gewaltigen Schub an Positivität. Wenn man müde ist, kann man sich kaum darauf konzentrieren, etwas zu erreichen und ein gutes Gefühl für die Welt zu haben. Das Gleiche gilt für das Gefühl, den ganzen Tag über zu hungrig oder zu satt zu sein. Wer sich um seinen Körper kümmert, kann sein Selbstvertrauen zurückgewinnen. Außerdem arbeiten Körper und Geist dann besser zusammen und funktionieren wie eine reibungslos laufende Maschine. Ein höheres Maß an Wohlbefinden, Gesundheit und Selbstvertrauen wird sich stark auf die Positivität Ihrer Gedanken und Gefühle auswirken – neben dem zusätzlichen Auftrieb, den Sie durch Komplimente von anderen erhalten können.

Ein letzter Schritt für positives Denken besteht darin, dass Sie Ihre Entscheidungen oder das, was Sie sich sagen, in die Tat umsetzen. Wenn Sie Ihre Gedanken in die physische Welt übertragen, können Sie Ergebnisse erzielen. Das Erzielen von Ergebnissen stärkt das Selbstvertrauen, das die Kraft Ihrer positiven Bewertungen zementiert. Und wenn die Handlungen nicht die von Ihnen beabsichtigten Ergebnisse bringen? In diesem Fall können Sie daraus lernen und Ihr Denken in Richtung einer anderen Herangehensweise an die Situation ändern.

Visualisierung

Visualisierung ist eine Übung, bei der man sich verschiedene Szenarien vorstellt, sei es zur Problemlösung, zur Entspannung oder zur Manifestation.

Der erste Schritt bei der Visualisierung zur Manifestation besteht darin, herauszufinden, was Sie wollen. Nehmen wir an, Sie wollen die Fähigkeit erlangen, Ihre Gedanken und Emotionen besser zu kontrollieren. Wenn Sie dies im Kopf haben, können Sie darauf hinarbeiten. Bei der Achtsamkeitsmeditation können Sie sich Ihr gewünschtes Ziel vorstellen, zum Beispiel die körperlichen Empfindungen, die Sie spüren werden, wenn Sie in schwierigen Situationen die Kontrolle behalten.

Die Visualisierung sollte sehr detailliert sein und alle Sinne einbeziehen. Stellen Sie sich die Dinge vor, die Sie um sich herum sehen werden, die Gerüche der Menschen und der Umgebung oder die Geräusche im Hintergrund. Wenn Sie sich die inneren Details vorstellen, wird die Erfahrung noch intensiver, zum Beispiel Ihre Temperatur, die Empfindungen in Ihrem Körper, die Position, in der Sie sich befinden, und alle Schmerzen oder körperlichen Annehmlichkeiten.

Nehmen Sie anschließend die Emotionen auf und stellen Sie sich vor, wie Sie sie gekonnt verarbeiten. Stellen Sie sich die Gefühle vor, die Sie von anderen erhalten. Sie können die Gefühle in der Visualisierung sogar einfärben, um der Erfahrung Nuancen zu verleihen. Stellen Sie sich vor, wie Sie von den Gefühlen unbeeinflusst bleiben oder wie Sie angemessen auf das Szenario reagieren. Sie können sich auch vorstellen, wie sich die Farbe der empfangenen Emotion verändert, wenn Sie sie in eine angenehmere Farbe umwandeln, und so zeigen, dass Sie einen positiven Einfluss auf die Situation ausüben. Wenn Sie die Gefühle visualisieren, werden Sie sie vielleicht auch fühlen, und das ist in Ordnung. Nehmen Sie die Gefühle einfach zur Kenntnis und akzeptieren Sie sie, denn alle Gefühle sind Teil des Spektrums dessen, was Sie in Zukunft denken werden. Der Trick besteht darin, zu sehen, wie Sie mit diesen Emotionen umgehen und sie als Antrieb für die Verwirklichung Ihrer Ziele nutzen werden.

Durch die tägliche Visualisierung wird es zur Gewohnheit, mit Ihren Gedanken und Gefühlen gekonnt umzugehen. Schließlich werden Sie sich die Abläufe und Reaktionen von Gedanken und Gefühlen nicht nur vorstellen, sondern das, was Sie sich vorgestellt haben, auch in die Tat umsetzen. In nicht allzu ferner Zukunft wird es Ihnen zur zweiten Natur werden, sich vorzustellen, wie Sie komplizierte Situationen meistern werden, sodass es Ihnen allmählich leichterfällt, Herausforderungen gelassen und zuversichtlich zu begegnen.

Ein letzter Ratschlag ist, die nötige Stärke zu haben, um mit der Visualisierung fortzufahren, auch in Situationen, die nicht leicht zu bewältigen sind. Denken Sie daran, dass es zwar unangenehm sein kann, sich das Problem vorzustellen, aber immer noch angenehmer, als es zu erleben. Wenn Sie sich dem Problem jetzt vor Ihrem geistigen Auge stellen, wird es Ihnen später leichter fallen, es zu bewältigen.

Geführte Imagination

Die geführte Imagination ähnelt der Visualisierung insofern, als dass Sie sich etwas in Ihrem Kopf vorstellen. Verwenden Sie sie, um sich eine ruhige Umgebung vorzustellen, damit sich Ihr Geist und Ihr Körper entspannen. Die Kampf- oder Fluchtreaktion wird in der modernen Welt den ganzen Tag über aktiviert, auch wenn es keinen Grund dafür gibt. Überstimulation ist zum Teil die Ursache dafür, sowohl in Bezug auf die Unterhaltung als auch auf die Arbeit, die Sie erledigen. Die Anwendung von geführter Imagination entspannt diese Reaktion und ermöglicht es Ihnen, wieder eine konzentrierte Denkweise anzunehmen.

Suchen Sie sich zunächst einen passenden Ort für die geführte Imaginationssitzung. Der Ort sollte möglichst weit weg von Menschen sein. Menschen, die Sie anstarren oder versuchen, Ihnen Fragen zu stellen, lenken Sie ab und machen den Zweck der Beruhigung zunichte. Sie sollten sich auch einen bequemen Sitzplatz suchen, um die Vorteile der Imagination voll ausschöpfen zu können. Wenn Sie in einer unbequemen Position sitzen oder auf etwas sitzen, das sich nicht gut anfühlt, kann dies schwierig sein.

Sie brauchen auch eine Anleitung durch einen Sprecher. Am besten wäre natürlich ein persönlicher Coach, den die meisten jedoch nicht haben. Nutzen Sie also Ressourcen wie YouTube oder Apps für geführte Meditationen wie Headspace, die Ihnen Audioaufnahmen zur Verfügung stellen, denen Sie folgen können. Alternativ können Sie auch ein paar Skripte durchlesen und deren Anweisungen befolgen. Die Verwendung eines Skripts ist nicht ideal, weil Sie dann ständig die Augen öffnen müssen, um den nächsten Schritt zu sehen, oder weil Sie sich eine ganze Liste von Anweisungen einprägen müssen.

Auch Kopfhörer können von Vorteil sein, vor allem wenn es sich um solche mit Geräuschunterdrückung handelt. Die Bilder sind leichter zugänglich, wenn man die Umgebung ausblendet. Es gibt weniger Raum für Ablenkungen, und die Leute neigen dazu, Sie weniger zu stören, wenn Sie Kopfhörer tragen. Sie gehen davon aus, dass Sie Musik hören oder telefonieren und nicht zum Sprechen bereit sind (zumindest die meisten). Außerdem wird bei geführten Meditationen auf Apps und YouTube oft beruhigende Musik im Hintergrund abgespielt, was die Qualität der Erfahrung verbessern kann.

Ziel der geführten Imagination ist es, den Stresspegel zu senken. Wenn er sinkt, fällt es Ihnen leichter, Ihren Verstand unter Kontrolle zu halten und Ihre Gedanken auf Ihre Ziele oder Aufgaben zu richten. Auch Ihre Emotionen kommen mit weniger Intensität zum Vorschein, sodass Sie sich leichter konzentrieren können.

Meditation

Meditation ist eine uralte Technik, die im Laufe der Geschichte von vielen Kulturen angewandt wurde und als eine Praxis bekannt ist, die dem Menschen ein Gefühl der inneren Ruhe vermitteln kann. Sie können Ihr ganzes Leben lang regelmäßig meditieren, um eine ruhigere und positivere Einstellung zum Leben im Allgemeinen zu erlangen. Ebenso können Sie sie nutzen, um emotionale Krisen zu überwinden oder zu dämpfen. Konsequentes Meditieren kann dazu beitragen, die Widerstandsfähigkeit zu stärken und uns darauf vorzubereiten, Herausforderungen zu meistern. Vor allem die Achtsamkeitsmeditation kann Sie in die Gegenwart zurückbringen und es Ihnen ermöglichen, sich auf die Aufgabe zu konzentrieren, die jetzt ansteht.

Trotzdem tun sich viele Menschen mit der Meditation schwer, weil sie glauben, sie müssten ihren Kopf von allen Gedanken leeren. Doch das ist weit von der Wahrheit entfernt. Auch wenn einige Meditationsformen vorschlagen, sich ausschließlich auf die Atmung oder ein einzelnes Bild zu konzentrieren, ist es ganz natürlich, während der Meditation Gedanken zu haben. Tatsächlich können Gedanken als integraler Bestandteil der Meditation betrachtet werden.

Nehmen Sie die Gedanken zur Kenntnis, ohne sich mit ihnen zu befassen. Wenn Sie dann eine meditative Technik anwenden, bei der Sie auf Ihre Atmung achten sollen, lenken Sie Ihre Aufmerksamkeit sanft auf Ihren Atem. Wenn die Meditation etwas anderes erfordert, wie das Spüren des Drucks des Bodens, die Wahrnehmung der Umgebung oder die Visualisierung von etwas, dann lenken Sie Ihre Aufmerksamkeit auf das Objekt der Sitzung. Es ist wichtig zu wissen, dass wir ständig viele Gedanken im Kopf haben, daher werden einige davon während der Sitzung auftauchen. Akzeptieren Sie sie, versuchen Sie nicht, sie zu verdrängen, und konzentrieren Sie sich dann wieder auf das, was Sie gerade tun – so einfach ist das.

Wie bei der geführten Imagination und anderen Entspannungsübungen bringt es die meisten Vorteile, wenn man sie täglich (oder zumindest regelmäßig) durchführt. Die Meditation beruhigt Sie zwar, wenn Sie sie in einer besonders schwierigen Zeit anwenden, aber sie hat noch eine viel stärkere Wirkung, wenn Sie sie täglich durchführen. Wenn Sie sich jeden Tag ein paar Minuten Zeit dafür nehmen, wirkt das beruhigend und ermöglicht Ihnen, Stress insgesamt besser zu bewältigen. Ihre Emotionen kochen nicht so oft hoch, und Sie werden feststellen, dass Sie Ihren Geist und Ihre Aufmerksamkeit viel besser unter Kontrolle haben.

Die Wahrnehmungen, die Sie während der Meditation nutzen, sollten nicht nur auf das innere Gefühl Ihres Körpers und die Berührung des Bodens beschränkt sein. Eine mehrdimensionale Erfahrung wird die Qualität Ihrer Meditation erhöhen. Nehmen Sie die Gerüche mit Ihrer Nase wahr, die Temperatur der Luft, die Lautstärke oder Stille der Umgebung, das Licht, das durch Ihre Augenlider fällt, den Geschmack in Ihrem Mund und vieles mehr. Sie werden feststellen, dass Sie auf diese Weise auch die Qualität Ihrer Lebenserfahrungen außerhalb Ihrer Meditationssitzungen verbessern. Ganz zu schweigen davon, dass es Ihnen leichterfallen wird, Ihre Sinne zu kontrollieren und damit Ihre Aufmerksamkeit zu fokussieren.

Die wichtigsten Voraussetzungen für die Meditation sind ein angenehmer und ruhiger Raum und ein bequemer Platz zum Sitzen. Sie können weitere Elemente hinzufügen, zum Beispiel Audioaufnahmen für eine geführte Meditation (das ist etwas anderes als die geführte Imagination) oder Musik. Ein Aromatherapie-Diffusor kann auch eine angenehme Ergänzung sein, aber letztendlich brauchen Sie nur einen Ort, an dem Sie während Ihrer Sitzung nicht gestört werden – also sind auch ein Autositz oder eine Parkbank gut geeignet.

Es gibt viele Meditationsmethoden, die Sie anwenden können. Einige davon sind die Achtsamkeitsmeditation und die Bodyscanning-Meditation. Die Achtsamkeitsmeditation ist eine der wirksamsten Methoden, um die Gedankenstürme in Ihrem Kopf zu vertreiben, da der Schwerpunkt darauf liegt, Ihre Aufmerksamkeit auf die Gegenwart zu lenken. Die Bodyscanning-Meditation hingegen kann Ihnen helfen, Ihren Körper zu beruhigen und Ihre Aufmerksamkeit von Ihren Gedanken und Gefühlen abzulenken. Anstatt zu versuchen, Gedanken und Gefühle zu stoppen, lenken Sie Ihre Aufmerksamkeit auf etwas Bestimmtes, so wie Sie es auch bei der progressiven Muskelentspannung machen würden. Weitere nützliche Meditationspraktiken zur besseren Kontrolle Ihrer Gedanken und Gefühle sind die Atemmeditation, das Meditieren mit einem Mantra oder die Verwendung positiver Affirmationen.

Säule 3
Emotionale Agilität

Emotionale Agilität ist ein relativ neues Thema, aber es ist einer der wirksamsten Ansätze für Ihre geistige Gesundheit, die Sie verfolgen können. In den nächsten drei Kapiteln erfahren Sie, was es ist, wie es funktioniert und was Sie davon haben können.

Kapitel 5
Emotionale Agilität lernen

Emotionale Agilität ist eine ermächtigende Praxis, bei der es darum geht, unsere Emotionen ohne Vorbehalt zuzulassen. Durch Selbstbeobachtung und Selbstbeherrschung können wir unser inneres Potenzial freisetzen und zu den besten Versionen unserer selbst heranwachsen. Wenn wir unsere Gefühle als gültig akzeptieren und sie als das anerkennen, was sie sind, schaffen wir Raum für Wachstum und Entwicklung.

Emotionale Agilität ermöglicht es uns, angemessen auf Umstände zu reagieren. Ebenso werden unsere Emotionen mit unseren Absichten und Handlungen in Einklang gebracht. Dadurch werden unsere Emotionen fließender und anpassungsfähiger, sodass wir sie als Antrieb für das Erreichen unserer Ziele nutzen können. Diese Konsequenzen sind in unserer schnelllebigen Welt, in der der Wandel die einzige Konstante ist, von großer Bedeutung.

Was ist emotionale Agilität?

Sich unserer Emotionen bewusst zu sein und sie ohne Bewertung anzuerkennen und zu akzeptieren, ist emotionale Agilität. Die Entwicklung emotionaler Agilität erfordert ein reichhaltiges emotionales Vokabular, das über einige wenige Grundemotionen hinausgeht. Im Wesentlichen geht es darum, ein breites Spektrum von Emotionen zu erkennen und zu benennen. Jede Emotion hat ihre Nuancen, und wenn man sie richtig benennt, kann man sich selbst besser verstehen. Es gibt zum Beispiel einen Unterschied zwischen ängstlich und unruhig sein. Letzteres bedeutet, dass Sie zunächst ruhig waren, aber etwas hat Sie jetzt verunsichert. Wenn Sie unruhig sind, zeigt das, dass Sie mit etwas nicht einverstanden sind oder von etwas überrascht wurden, was zu einem Gefühl des Unbehagens führt.

Wenn Sie Ihre Gefühle mit Bezeichnungen versehen, können Sie sie besser verstehen. Außerdem schafft es eine gewisse Distanz zwischen Ihnen und dem Gefühl. Wenn Sie sich beispielsweise verärgert oder aufgewühlt fühlen, können Sie dies als „unruhig" bezeichnen, um zu erkennen, dass etwas Ihr Gefühl der Ruhe gestört hat. Diese erhöhte Aufmerksamkeit ermöglicht es Ihnen, die Quelle Ihres Unbehagens zu untersuchen. Sprechen Sie dann alle aufgestauten Emotionen oder Erinnerungen an, die Aufmerksamkeit brauchen. Durch diesen Prozess kann unser Gehirn Emotionen effektiver verarbeiten. So können wir unsere Stimmungen besser regulieren und steuern.

Nachdem Sie eine Lücke zwischen sich und den Emotionen, die Sie erleben, geschaffen haben, haben Sie die Möglichkeit, diese loszulassen. Ihr Blickwinkel erweitert sich über das einzelne Ereignis hinaus und ermöglicht es Ihnen, das Gesamtbild zu betrachten. Durch die Betrachtung ihrer Ursprünge können Sie die Ursachen von Fixierungen oder festgefahrenen Emotionen aufarbeiten. Dadurch gewinnen Sie an Flexibilität und Widerstandsfähigkeit im Umgang mit Ihrem emotionalen Wohlbefinden. Anstatt sich auf den Vorfall zu fixieren, der die Emotion ausgelöst hat, können Sie darüber hinausgehen und vermeiden, in einer einseitigen Erfahrung gefangen zu sein.

Um emotionale Agilität zu üben, können Sie folgende Schritte befolgen:

1. **Erkennen und benennen Sie Ihre Gefühle.** Nehmen Sie sich einen Moment Zeit, um zu erkennen, was Sie fühlen, und geben Sie ihm einen Namen. Versuchen Sie, spezifisch

zu sein und beschreibende Worte zu verwenden, die die Intensität und die Art Ihrer Gefühle genau beschreiben.

2. **Akzeptieren und schätzen Sie Ihre Gefühle.** Anstatt Ihre Gefühle zu unterdrücken oder zu leugnen, sollten Sie sie anerkennen. Erkennen Sie an, dass alle Gefühle natürliche menschliche Erfahrungen sind.

3. **Lösen Sie sich von Ihren Emotionen.** Treten Sie von Ihren Emotionen zurück und beobachten Sie sie wie ein außenstehender Beobachter. Vermeiden Sie es, sich in der Intensität Ihrer Gefühle zu verfangen und versuchen Sie stattdessen, objektiv zu bleiben.

4. **Gestalten Sie Ihre Emotionen neu.** Betrachten Sie Ihre Emotionen nicht als positiv oder negativ, sondern sehen Sie sie als hilfreich oder nicht hilfreich an. Fragen Sie sich, welchem Zweck Ihre Emotionen dienen und wie sie nützlich sein können.

5. **Handeln Sie.** Sobald Sie Ihre Emotionen und deren Zweck besser verstehen, können Sie konstruktiv auf sie reagieren. Das kann bedeuten, dass Sie Ihr Verhalten ändern, andere um Unterstützung bitten oder sich um sich selbst kümmern.

Um die mit der Erfahrung verbundenen Emotionen richtig loslassen zu können, müssen Sie außerdem Ihr „*Warum*" verstehen. Dieses „*Warum*" ist etwas, das Ihnen den Antrieb im Leben gibt. Es ist mehr als nur eine Leidenschaft oder ein Ziel, sondern eine tiefere Antriebskraft. Wenn Sie wissen, was Sie antreibt, können Sie über die Zwänge hinausgehen und sich auf das konzentrieren, was Sie im Leben erreichen wollen. Auch wenn Sie Ihre grundlegenden Überlebensbedürfnisse befriedigen, wird der Wunsch nach mehr Sie dazu antreiben, härter und leidenschaftlicher zu arbeiten, um Ihre Ziele zu erreichen. Wenn Sie Ihre Ziele verstehen, können Sie auch Ihre Emotionen besser einschätzen und erkennen, wie sie mit verschiedenen Erfahrungen übereinstimmen oder von ihnen abweichen.

Wenn Sie den Zusammenhang zwischen Ihrem „*Warum*" und Ihren Emotionen erkennen, wird Ihr künftiges Handeln klarer. In der Folge können Sie erkennen, wie Ihr Verhalten zu Ihren Zielen beitragen kann. Auf diese Weise fühlen Sie sich nicht mehr so unbeteiligt an Ihren emotionalen Reaktionen, weil Sie die Gründe für deren Auftreten kennen. Ihre Reaktionen sind dann nicht mehr impulsiv und vorübergehend, sondern werden Teil eines umfassenderen, dauerhafteren Musters.

Ihr „*Warum*" wird Ihnen auch einen besseren Einblick in Ihre Werte geben. Diese Werte sind ständig präsent und helfen dabei, Ihr Handeln mit Ihrer Identität in Einklang zu bringen. Ihre Werte zu kennen ist wichtig, um die Moral und die Verhaltensweisen herauszuarbeiten, die Sie täglich verkörpern wollen. Grundwerte leiten Ihr Handeln, auch in Situationen, die Sie noch nie erlebt haben. Dadurch werden Sie flexibel und können selbstständig denken.

Wenn Sie sich über Ihre Werte im Klaren sind, müssen Sie den Mut aufbringen, nach ihnen zu leben. Ihr Umfeld, einschließlich Ihrer Familie, Ihrer Kultur und Ihrer Nation, wird Ihnen diktieren, was für sie wichtig ist. Wenn Sie die nötige Stärke entwickeln, können Sie Ihre Werte inmitten all dieser Umstände durchsetzen. Sich selbst besser zu verstehen, indem man emotionale Agilität entwickelt, setzt voraus, dass man seine eigenen Überzeugungen versteht.

Emotionen verstehen

Wenn es um Ihre Emotionen geht, kann es schwierig sein, sie genau zu bestimmen und zu beschreiben. Oft fühlen sie sich formlos an und sind schwer in Worte zu fassen. Emotionen sind jedoch sehr real, sowohl auf geistiger als auch auf körperlicher Ebene. Um

Ihre emotionalen Erfahrungen besser zu verstehen, sollten Sie Ihr emotionales Vokabular erweitern. Auf diese Weise können Sie Ihre emotionalen Reaktionen auf eine bestimmte Situation besser interpretieren. Dieser Prozess wird mit der Zeit einfacher, wenn Sie Muster und Ähnlichkeiten in Ihren emotionalen Erfahrungen erkennen.

In der Zwischenzeit sind wir manchmal versucht, der Welt in solchen Situationen eine Fassade vorzuspielen. Diese unverarbeiteten Emotionen können sich jedoch aufstauen und zu einem Wirrwarr von ungelösten Gefühlen werden. In der Folge kann diese Ansammlung von Emotionen zu psychischen Problemen führen. Schlimmstenfalls kann es zu ungesunden Bewältigungsmechanismen wie Drogenmissbrauch oder Essstörungen kommen, um damit umzugehen.

Stellen Sie sich zum Beispiel vor, jemand unterdrückt ständig seine Wut und geht nie auf die zugrundeliegenden Probleme ein, die sie verursachen. Wahrscheinlich verspürt er dann ein Gefühl der Frustration, des Grolls oder der Verbitterung gegenüber sich selbst und anderen. Diese Gefühle können dann zu einer Anhäufung negativer Emotionen führen und Symptome von Angst und Depression hervorrufen. Auf diese Weise können sich unverarbeitete Emotionen als psychische Probleme manifestieren.

Die Aufarbeitung einer emotionalen Erfahrung kann unangenehm und anstrengend sein. Dennoch ist es notwendig, einen Schlussstrich zu ziehen und mit einem klareren Verständnis für künftige Herausforderungen voranzukommen. Das Vermeiden von Emotionen führt nur zu weiterem emotionalen Ballast und zu Problemen mit der psychischen Gesundheit. Die direkte Konfrontation mit ihnen kann hingegen emotionales Wachstum und Flexibilität fördern. Außerdem sind Emotionen ein mächtiger und komplexer Aspekt der menschlichen Erfahrung. Manchmal können sie uns in ungeahnte Höhen katapultieren, ein anderes Mal können sie uns in Verzweiflung stürzen. Unabhängig davon, wie intensiv oder flüchtig sie erscheinen mögen, haben alle Emotionen das Potenzial, unser Leben auf bedeutende Weise zu beeinflussen. Mit emotionaler Agilität können wir durch diese emotionalen Höhen und Tiefen navigieren und uns weiterhin auf ihre Ziele konzentrieren.

Wenn Sie eine weitere Perspektive auf die Situation benötigen, wenden Sie sich an jemanden, dem Sie vertrauen, zum Beispiel einen Freund, ein Familienmitglied, einen Therapeuten oder einen Kollegen. Wichtig ist, dass es sich um jemanden handelt, der Ihnen zuhört, ohne zu urteilen. Manchmal reicht es aus, wenn Sie Ihre Gefühle zum Ausdruck bringen, denn so können Sie herausfinden, was passiert und was Sie dagegen tun können. In anderen Fällen können Sie die Meinung der anderen Person hilfreich finden. Da deren Sichtweise eine andere als die Ihre ist, kann sie Ihnen Einsichten vermitteln, die Sie sonst nie in Betracht gezogen hätten.

Vermeiden Sie es außerdem, Emotionen entweder als positiv oder negativ zu betrachten, denn das ist nicht immer der Fall. Manchmal sind Emotionen eine Mischung aus beidem. In einem Gefühlszustand zu verharren, kann problematisch sein, da es das Leben erschweren kann. Wenn es um das Erleben von Emotionen geht, ist es zudem wichtig zu erkennen, dass unterschiedliche Situationen verschiedene emotionale Reaktionen erfordern. In solchen Situationen hilft unsere emotionale Intelligenz dabei, unseren emotionalen Zustand zu regulieren und angemessen zu reagieren.

Der Verlust eines geliebten Menschen zu betrauern, ist zum Beispiel angemessen und gesund. Wenn man die Emotionen spürt, kann man die Situation besser verarbeiten. Akzeptieren Sie die Trauer, die mit dem Verlust einhergeht, so können Sie sie herauslassen und sich damit abfinden, dass diese Person nicht mehr bei Ihnen ist. Versuchen Sie jedoch, so zu tun, als sei alles in Ordnung, machen Sie sich selbst etwas vor, indem Sie Gefühle vortäuschen und eine *„schöne"* Fassade aufbauen. Anders wäre die

Situation, wenn der Verstorbene schrecklich war und Ihre Kreativität und Ihren Ehrgeiz ständig unterdrückt hat. In diesem Fall fühlen Sie vielleicht Erleichterung und spüren, dass Druck von Ihren Schultern abfällt.

Darüber hinaus können positive und negative Emotionen als treibende Kraft dienen, um auf unsere Ziele hinzuarbeiten. So kann Wut, obwohl sie als negative Emotion wahrgenommen wird, eine starke Triebkraft für Veränderungen sein. Nehmen wir an, Sie wollen sich für Gerechtigkeit in Ihrer Gemeinde einsetzen. Indem Sie auf inakzeptable Zustände und Ungerechtigkeiten hinweisen, können Sie die Aufmerksamkeit der Gemeinschaft auf sich lenken und sie hinter Ihrer Sache versammeln. Dies wiederum kann die öffentliche Unterstützung erhöhen und die Entscheidungsträger dazu bringen, Strategien und Maßnahmen zu verabschieden, die Fairness und Gleichheit fördern.

Die Entscheidung, wie wir mit unseren Emotionen umgehen, ist daher einer der wichtigsten Bestandteile unserer Erfahrung. Wenn wir sie beobachten und akzeptieren, können wir sie in die Richtung lenken, die wir brauchen, um unsere Lebensziele zu erreichen. Wenn Sie Ihre Emotionen direkt und objektiv betrachten, können Sie sie nutzen, um positive Veränderungen herbeizuführen. Sie zu vermeiden, kann Sie jedoch auf einen Pfad der Zerstörung führen und Ihre Überlebenschancen beeinträchtigen. In den folgenden zwei Abschnitten werden die Emotionen, die wir traditionell als positiv und negativ betrachten, genauer betrachtet.

Positiv

Positive Emotionen sind diejenigen, die wir suchen, wie Freude, Triumph, Heiterkeit, Neugier, Begeisterung und Liebe. Wenn wir in diese positiven Emotionen investieren, können wir wachsen und bessere Menschen werden. Emotionen wie Begeisterung und Liebe treiben uns an und helfen uns, neue Fähigkeiten und Erfahrungen zu entwickeln, die uns Erfolgserlebnisse bescheren. Darüber hinaus vermitteln uns diese positiven emotionalen Erfahrungen ein Gefühl von Gesundheit und Zufriedenheit, was für unser allgemeines Wohlbefinden unerlässlich ist.

Im Leben nutzen Menschen jedoch das Versprechen angenehmer Emotionen, um andere zu manipulieren und sie dazu zu bringen, etwas Bestimmtes zu tun. Nehmen wir an, ein Verkäufer überredet einen potenziellen Kunden zum Kauf eines teuren Produkts, indem er ihm ein Gefühl von Luxus und Exklusivität verspricht. Der Verkäufer kann Taktiken anwenden, wie die Betonung des hohen Status des Produkts, die Hervorhebung der potenziellen Bewunderung und des Neids anderer oder das Anbieten besonderer Vergünstigungen oder Rabatte, um das Geschäft verlockend erscheinen zu lassen. Auf diese Weise kann der Kunde durch das Versprechen, angenehme Emotionen im Zusammenhang mit dem Produkt und dem damit verbundenen Status zu erleben, zum Kauf verleitet werden, auch wenn er den Artikel nicht wirklich braucht oder will.

Obwohl angenehme Gefühle wünschenswert sind, können sie auch Stress in unser Leben bringen. Die Verfolgung eines Ziels und das Streben nach einem angenehmen Gefühl sind oft mit Herausforderungen und Schwierigkeiten verbunden. Das Versprechen, das gewünschte Ergebnis und das damit verbundene angenehme Gefühl zu erreichen, kann jedoch auch Widerstandsfähigkeit und Entschlossenheit fördern. So kann der Wunsch ein stärkerer Motivator sein als die Angst vor Schmerz oder Versagen, insbesondere für ein Gefühl, das wir als positiv empfinden. Infolgedessen sind wir möglicherweise bereit, uns mehr anzustrengen und mehr Stress zu ertragen, um dieses positive Gefühl zu erreichen.

Positive Emotionen können also gut und schlecht sein, je nachdem, wie sie erlebt und genutzt werden. Wenn man sie als Quelle für Manipulationen nutzt, sind sie negativ; wenn man sie aber nutzt, um eine Leidenschaft für das Erreichen von Zielen zu wecken, kann ihre Wirkung mehr als positiv sein.

Negativ

Negative Emotionen werden in der Regel vermieden und als unangenehme Erfahrungen betrachtet. Diese Emotionen können eine Herausforderung sein und uns dazu bringen, sofortige Linderung zu suchen. Negative Emotionen können aber auch ein Katalysator sein, der uns zu positiven Veränderungen antreibt.

Andererseits können negative Emotionen, wenn sie ignoriert oder unterdrückt werden, zu psychischen Erkrankungen führen, die es schwierig machen, einem endlosen Kreislauf der Negativität zu entkommen. Um dies zu vermeiden, müssen wir uns unseren negativen Emotionen stellen und sie verarbeiten. Die Vorgehensweise kann je nach Situation und emotionaler Veranlagung des Einzelnen unterschiedlich sein. Manchmal ist ein entschlossener und direkter Ansatz erforderlich. In anderen Fällen kann ein sanfteres und schrittweises Vorgehen besser funktionieren. Die Intensität und Dauer der negativen Emotion sollte die Vorgehensweise bestimmen.

Eine weitere Folge des langen Ignorierens negativer Gefühle sind dysfunktionale Einstellungen. Solche Einstellungen treten auf, wenn man sich deprimiert fühlt. Wenn Sie sich niedergeschlagen fühlen, sehen Sie sich selbst, die Zukunft oder andere Menschen in einem unangenehmen Licht. Wenn sich dies negativ auf Ihre Zukunftsaussichten auswirkt, greift diese Einstellung Ihre Ziele und Lebensziele an. Um dies zu vermeiden, entwickeln manche Menschen unrealistische Ideen, zum Beispiel Fantasien oder Wahnvorstellungen.

Wahnvorstellungen oder Realitätsverzerrungen sind ein Nährboden für weitere negative Emotionen. Sie resultieren aus ungenauen Beobachtungen der Welt um Sie herum. Daher wird im

Hintergrund immer ein Gefühl des Unverständnisses lauern. Wahnvorstellungen lassen zugrunde liegende Gefühle im Verborgenen schwelen. Sich den zugrundeliegenden Gefühlen zu stellen, ist der springende Punkt, um die Wahnvorstellungen loszuwerden und die Welt wieder so zu sehen, wie sie ist. Das Erlernen von Bewältigungsmechanismen wird Ihnen auf lange Sicht helfen, mit negativen Gefühlen umzugehen.

Das **ABC-Modell** ist eine hilfreiche Erklärung dafür, wie sich die Dinge bei negativen Emotionen, die unkontrolliert bleiben, entwickeln. Zunächst gibt es *„A"* (*„activating event"* – *aktivierendes Ereignis*), das heißt eine Erfahrung, die Ihnen nicht gefallen hat. Dann gibt es *„B"* (*„belief"* – *Glaubenssatz*), eine Meinung, die Sie vertreten, die Sie nicht bestärkt und die nicht ganz richtig ist, zum Beispiel dass Sie sich für schwach halten, weil Sie den Stress des aktivierenden Ereignisses nicht bewältigen konnten. *„C"* (*„consequence"* – *Reaktion oder Verhaltensweise*) ist die Emotion, die Sie aufgrund des negativen Glaubenssatzes empfinden, zum Beispiel Enttäuschung, Traurigkeit oder Ärger in diesem Beispiel. Einer der besten Bewältigungsmechanismen, um den ABC-Mechanismus zu überwinden, besteht darin, den Glaubenssatz, den Sie nach dem auslösenden Ereignis entwickelt haben, zu betrachten und mit Ihrer Beobachtungsgabe aufzulösen. Das Ergebnis ist, dass die daraus resultierende Emotion an Intensität verliert und jede Realitätsverzerrung nachlässt.

Nicht alle Emotionen sind also negativ oder positiv. Einige liegen genau in der Mitte als neutrale Emotionen. Diese Emotionen sind diejenigen, die wir fast täglich empfinden. Dazu gehören Langeweile, Gleichgültigkeit, mäßiges Interesse und Resignation. Unabhängig davon, ob es sich um ein positives, negatives oder neutrales Gefühl handelt, liegt der Wert des Gefühls darin, wie Sie es nutzen, um es für Ihre Ziele einzusetzen. Ein positives Gefühl kann ein starker Motivator sein, der Sie dazu antreibt, Ihre Ziele zu verfolgen. Gleichzeitig kann ein negatives Gefühl als Warnung dienen, nicht zu weit vom Pfad Ihrer Werte abzuweichen. Neutrale Gefühle schließlich bilden die einfache Grundlage, auf der Sie sich ausruhen können, während Sie sich auf die Erledigung Ihrer Aufgaben konzentrieren.

Nachdem wir nun das Thema Emotionen aufgeschlüsselt haben, werden wir erklären, wie man emotionale Agilität aufbauen kann.

Kapitel 6
Emotionale Agilität aufbauen

Emotionale Agilität aufzubauen bedeutet, die Fähigkeit zu entwickeln, mit verschiedenen Emotionen umzugehen und sich an veränderte Umstände anzupassen. Emotionale Agilität ist jedoch nicht nur für die persönliche Entwicklung wichtig. Vielmehr verbessert sie auch unsere Beziehungen und unser allgemeines Wohlbefinden. Es geht auch darum, unsere Emotionen zu nutzen, um bewusste und konstruktive Entscheidungen zu treffen. Auf diese Weise können wir Hindernisse überwinden, bessere Entscheidungen treffen und ein erfüllteres Leben führen.

Ihre Emotionen bewältigen

Haben Sie schon einmal erlebt, dass jemand die Emotionen, die Sie vermitteln wollten, missverstanden hat? Vielleicht waren Sie besorgt über eine Situation, aber Sie wirkten eher wütend als besorgt. Leider kann diese Fehlinterpretation zu Missverständnissen und sogar zu Spannungen mit Ihren Mitmenschen führen. Dies ist jedoch nur ein Beispiel dafür, wie sich Emotionen direkt auf unser Leben auswirken können. Emotionen können mit unterschiedlicher Intensität auftreten, egal ob sie positiv, negativ oder neutral sind. Deshalb ist es wichtig, seine Emotionen in den Griff zu bekommen, bevor sie außer Kontrolle geraten. Schließlich können die Auswirkungen Ihrer Gefühle weitreichend sein und sich nicht nur auf Ihr Privatleben, sondern auch auf Ihren beruflichen Erfolg auswirken.

Der erste Schritt zur Bewältigung Ihrer Gefühle besteht darin, *sie nicht unnötig zu unterdrücken*. Sie zu unterdrücken, führt zu ungesunden Zuständen wie Depression und Manie. Indem Sie sich Ihren Emotionen stellen, können Sie verhindern, dass sie sich aufstauen, was möglicherweise das Erlernen einiger Bewältigungstechniken erfordert. Angenommen, die Emotionen sind intensiv oder schwierig zu bewältigen. In diesem Fall kann eine Bewältigungsstrategie Ihnen dabei helfen, sich dem Gewicht des Gefühls zu stellen und es zu verarbeiten, auch wenn es immer nur ein Stück weit ist. Wenn Sie dies regelmäßig tun, wird die Häufigkeit emotionaler Ausbrüche reduziert.

Akzeptieren Sie Ihre Gefühle, indem Sie ihre Gültigkeit anerkennen. Dieser einfache Akt ist ein wirksames Mittel, um Selbstvertrauen zu entwickeln und Ihr emotionales Wohlbefinden zu verbessern. Wenn Sie Ihre Emotionen verstehen und akzeptieren, erhalten Sie Klarheit und Einsicht darüber, wie sie zu Ihren Reaktionen und Lebenszielen passen. Auch wenn es nicht immer angebracht ist, Ihre Emotionen in allen Situationen zum Ausdruck zu bringen, gibt Ihnen die Akzeptanz Ihrer Emotionen die Zuversicht, sie zur richtigen Zeit und am richtigen Ort angemessen zum Ausdruck zu bringen. Wenn Sie zum Beispiel eine wichtige Präsentation vorbereiten, sollten Sie sich professionell verhalten und Ihre Gefühle im Zaum halten. Wenn Sie Ihre Gefühle und deren Berechtigung akzeptieren, können Sie sie verarbeiten, ihre logische Ursache herausfinden und später angemessen mit ihnen umgehen.

Auch das *Herausfinden der Ursache eines Gefühls* ist ein gültiger Bewältigungsmechanismus. Die Situation, die das Gefühl ausgelöst hat, hatte etwas mit Ihren Werten zu tun. Es ist gut zu sehen, wo die Verbindung liegt, denn dann passt die Logik des Ganzen zusammen. Ein weiterer Faktor, den Sie berücksichtigen sollten, ist, was Sie tun können, um Ihre Werte mit den Handlungen in Einklang zu bringen, die Sie aufgrund der Emotionen spontan ausführen möchten. Auf diese Weise können Sie Ihre Gefühle in eine Richtung lenken, die Ihren Zielen förderlich ist.

Wenn Sie beispielsweise über ein neu installiertes System am Arbeitsplatz verwirrt sind und Ihr Ziel darin besteht, langfristig der Ausbilder für neue Mitarbeiter zu werden, richten Sie das Gefühl der Verwirrung an Ihre Personalabteilung. Arbeiten Sie ein Schulungsprogramm aus, um sicherzustellen, dass künftige Mitarbeiter das System verstehen. Die Personalabteilung kann sich mit Ihnen über das Gefühl der Verwirrung austauschen und wird sehen, dass Sie sich leidenschaftlich dafür einsetzen, das System für andere verständlicher zu machen. Die Vorlage eines Lehrplans zeigt, dass Sie sich ernsthaft mit Ihrem Thema auseinandersetzen. Wenn eine Stelle als Ausbilder frei wird, wird man sich an die Erfahrungen mit Ihnen erinnern. Man wird Sie für einen starken Kandidaten halten, weil man weiß, dass Sie sich für Lehrtätigkeiten begeistern.

Achtsamkeit

Achtsamkeit ist ein transformativer Zustand der Aufmerksamkeit, in dem wir uns aktiv auf unser gegenwärtiges Sein konzentrieren. Indem wir achtsam die Gegenwart erleben, gewinnen wir größere Klarheit und konzentrieren uns auf die Welt um uns herum, ohne dass unsere Gedanken und Sorgen uns stören. Diese Ebene der Achtsamkeit fördert ein Gefühl der inneren Ruhe und Stabilität, selbst angesichts von Stress und Druck. Tatsächlich sind Menschen, die sich häufig mit Achtsamkeitstechniken beschäftigen, oft widerstandsfähiger gegenüber den Herausforderungen des Lebens, da sie auch in schwierigen Zeiten Gelassenheit und Zielklarheit bewahren.

Es gibt Übungen, mit denen Sie Ihre Fähigkeit, Achtsamkeit zu nutzen, verbessern können. Dabei werden neue Nervenbahnen angelegt, die es Ihnen ermöglichen, mehr in der Gegenwart zu agieren. Ältere Nervenbahnen, die es zulassen, dass ungefilterte Emotionen ein- und ausströmen, werden allmählich inaktiviert, sodass es Ihnen leichterfällt, sich auf natürliche Weise zu konzentrieren. So werden Sie widerstandsfähiger gegen Stress, indem Sie sich gewohnheitsmäßig auf die vor Ihnen liegenden Aufgaben konzentrieren, was dazu führt, dass die Aufgaben erledigt und die Ursache des Drucks bewältigt werden.

Tiefes Atmen und Atemarbeit sind Methoden, mit denen Sie Achtsamkeit üben können. Ihr Atem ist eine Konstante. Als solche können Sie ihm in der Gegenwart immer Ihre Aufmerksamkeit schenken, ob schnell oder langsam. Der erste Schritt besteht darin, sich darauf zu konzentrieren und den Atem zu beobachten, ohne zu versuchen, ihn zu verändern. Sobald Ihre Aufmerksamkeit dort ist und Sie beobachtet haben, wie Sie atmen, können Sie beginnen, tiefere Atemzüge zu nehmen.

Wenn Sie tiefer atmen, gelangt mehr Sauerstoff in Ihren Körper und Ihre Kampf- oder Fluchtreaktion wird reduziert. Diese Reaktion löst Stress oder damit verbundene Gemütszustände aus. Dies ist also ein schneller Weg, um Angstzustände zu lindern. Sie können auch Visualisierungsübungen mit Ihrem Atem durchführen, indem Sie sich vorstellen, dass die einströmende Luft eine Farbe hat und der Stress in Ihrem Körper (dem eine andere Farbe zugeordnet ist) beim Ausatmen nach außen fließt. Der Geist ist eine wirksame Waffe, um sich zu beruhigen. So einfache Übungen wie die Farbvisualisierung können eine rasche Wirkung haben, wenn Sie wütend, frustriert, verwirrt, überfordert, traurig oder anderweitig erregt sind.

Die Atemarbeit kann auch von einem Mantra oder Affirmationen begleitet werden. Sagen Sie sich diese Dinge im Kopf oder laut auf, damit sie in die Funktionsweise des Unterbewusstseins eindringen. Außerdem kann das Singen von Mantras aufgrund seines rhythmischen und leicht hypnotischen Charakters ein entspannendes Gefühl vermitteln. Eine andere Möglichkeit ist, tief einzuatmen und die Dauer des Ein- und Ausatmens zu kontrollieren. Zählen Sie beim Einatmen langsam bis vier und achten Sie darauf, dass Sie Ihr Zwerchfell benutzen und die Luft Sie füllt, bis sich Ihr Bauch hebt. Danach können Sie entweder schnell ausatmen und die Luft aus dem Körper drücken oder bis sechs zählen und langsam ausatmen. Beide Techniken haben den Effekt, dass Sie Ihre Stimmung verbessern, nur auf unterschiedliche Weise.

Einige Tipps, die Ihnen helfen, die perfekte Affirmation für Ihre Atemarbeitspraxis zu finden, sind:

1. **Betrachten Sie Ihre derzeitige Einstellung und Ihre Ziele.** Überlegen Sie, was Sie durch Ihre Atemarbeit erreichen wollen. Worauf wollen Sie sich konzentrieren oder was möchten Sie in Ihrem Leben manifestieren? Wählen Sie eine Affirmation oder ein Mantra, das mit Ihrer derzeitigen Einstellung und Ihren Zielen übereinstimmt.

2. **Wählen Sie eine positive Aussage.** Ihre Affirmation sollte eine positive Aussage sein, die Ihnen hilft, sich gestärkt und erhoben zu fühlen. Vermeiden Sie negative Selbstgespräche oder Worte, die sich auf das konzentrieren, was Sie nicht wollen.

3. **Halten Sie es einfach.** Wählen Sie eine kurze und einfache Affirmation oder ein Mantra, das Sie sich leicht merken und wiederholen können. Dies wird Ihnen helfen, während Ihrer Atemarbeit konzentriert und präsent zu bleiben.

4. **Verwenden Sie die Gegenwartsform.** Schreiben Sie Ihre Affirmation in der Gegenwartsform, als ob Sie den Zustand, den Sie erreichen wollen, bereits erleben würden. Auf diese Weise wird sie realer und kraftvoller.

Sich Freiraum zu verschaffen, ist eine weitere Möglichkeit, Achtsamkeit zu entwickeln. Eine Methode besteht darin, spazieren zu gehen und Ihre Umgebung mit allen Sinnen wahrzunehmen. Versetzen Sie sich in den gegenwärtigen Moment. Ein anderer Ansatz besteht darin, einen Ort zu finden, an dem man in angenehmer Umgebung sitzen und das Geschehen beobachten kann. Ein Café ist ein guter Ort, um sich hinzusetzen und das Hin und Her der Menschen zu beobachten. Sie können die Menschen in allen Gemütszuständen beobachten, von aufgeregt bis gelangweilt, während Sie dort sitzen und sich bei einem warmen Getränk entspannen. Bleiben Sie in der Gegenwart und konzentrieren Sie sich auf die Menschen um Sie herum, schalten Sie Ihr Telefon auf lautlos und ignorieren Sie für ein paar Minuten das Drama oder die Anforderungen Ihres Tages. Sie werden sich ruhiger fühlen, wenn Sie mit dem weitermachen, was Sie vor dem Hinsetzen getan haben.

Eine Stufe höher als ein Spaziergang ist ein Naturspaziergang. In diesem Fall suchen Sie sich einen Ort mit großartiger Naturkulisse und genießen die Schönheit. Sie sollten Ihre Schuhe ausziehen, um den Boden unter den Füßen zu spüren, wenn es sicher ist. Wenn Sie Ihr Handy auf *„Nicht stören"* stellen oder es gar nicht erst mitnehmen, können Sie die Umgebung ohne Ablenkung beobachten. Halten Sie Ausschau nach Dingen, die Sie beeindrucken und die Sie wegen ihrer natürlichen Schönheit schätzen. Zu verstehen, wie wichtig die Natur für Ihr Leben ist, macht Sie demütig und rückt Ihre Probleme in die richtige Perspektive. Wenn Sie das Gefühl haben, in der Gegenwart zu sein und sich zu entspannen, fällt es Ihnen viel leichter, über die emotionalen Situationen nachzudenken, die Sie gerade durchleben, sodass Sie die Gefühle, die sie hervorrufen, achtsam erleben können.

Selbsterkenntnis

Selbsterkenntnis ist der Schlüssel zu emotionaler Agilität, denn man muss zunächst mit sich selbst im Reinen sein, bevor man seine Gefühle verstehen kann. Es gibt viele Trigger in unserem Leben. Um sich selbst besser zu verstehen und Ihre Emotionen in den Griff zu bekommen, müssen Sie herausfinden, welche Bereiche in Ihrem Leben Sie am meisten triggern. Wenn Sie diese Bereiche kennen, werden Sie feststellen, wo Sie am ehesten emotionale Ausbrüche haben, vor allem die stärkeren. Es wird Ihnen auch zeigen, in welchen Bereichen Sie am meisten arbeiten müssen, um Bewältigungsstrategien für den Umgang mit emotionalen Zuständen zu entwickeln.

Eine der wirksamsten Strategien ist die Meditation. Sie fördert die Fähigkeit, Emotionen zu akzeptieren und erleichtert es, sie da sein zu lassen. Dadurch können Sie Ihre Emotionen besser steuern, vor allem, wenn es unangemessen oder zu stark ist, ein bestimmtes Gefühl zu zeigen. In einer solchen Situation können Sie den Mechanismus der Anerkennung und anschließenden Fokussierung anwenden. Bei diesem Prozess werden die Emotion und die damit verbundenen Gedanken erkannt und die Aufmerksamkeit auf die Aufgabe gelenkt. Auf diese Weise können Sie die Situation mit Gelassenheit meistern, trotz der inneren Unruhe, die Sie vielleicht gerade erleben. Die wahre Stärke dieser Technik liegt jedoch darin, dass sie keine Form der Unterdrückung oder Verleugnung von Emotionen ist. Stattdessen ist sie ein Werkzeug, das es Ihnen ermöglicht, die Emotionen vorübergehend beiseitezuschieben und sich später mit ihnen auseinanderzusetzen, wenn Sie den Raum und die Zeit dafür haben. Sie schult also den Verstand, Emotionen zu akzeptieren und sich von ihnen zu lösen.

Beratung ist eine weitere Strategie, um sich selbst besser kennenzulernen. In diesem Fall arbeiten Sie mit jemandem zusammen, der in jahrelanger Ausbildung und Praxis Erfahrung und Wissen erworben hat, der die Feinheiten der Psyche versteht und es zu seinem Beruf gemacht hat, Ihnen zu helfen. Die Techniken, die solche Personen kennen, können auf Ihre Persönlichkeit und Ihre Lebenssituation zugeschnitten werden, was sie noch effektiver macht. Nutzen Sie diesen Rahmen, um Ihre Emotionen auf kontrollierte Weise bewusst zu machen.

Emotionen auf gesunde Weise ausdrücken

Ob es Ihnen gefällt oder nicht, Ihre Emotionen müssen ans Licht kommen. Wenn Sie das nicht tun, werden sie Ihren Geist auf ungesunde Weise infizieren. In diesem Abschnitt finden Sie vier gesunde Techniken, mit denen Sie sich Ihren Emotionen auf möglichst gesunde Weise stellen können.

Mit anderen reden

Eine Therapie ist eine hervorragende Möglichkeit, Ihre Gefühle auszudrücken und Unterstützung von einer engagierten Fachkraft zu erhalten. Die Aufgabe eines Therapeuten besteht darin, Ihnen zuzuhören und Lösungen anzubieten, die Ihnen helfen, emotionale Schwierigkeiten und Störungen zu überwinden. Außerdem bieten sie ein urteilsfreies Umfeld, in dem Sie die Ursachen Ihrer Gefühle erforschen und lernen können, sie auszudrücken. Mit den Bewältigungsmechanismen, die sie durch strenge Ausbildung und Arbeit erlernt haben, können sie Sie mit verschiedenen Methoden ausstatten, um Ihre Lebensqualität und Ihr emotionales Wohlbefinden zu verbessern.

Auch Freunde und Familie können Sie unterstützen, wenn Sie das Bedürfnis haben zu reden. Suchen Sie sich jedoch jemanden aus, der Ihnen einen sicheren Raum bietet, in dem Sie frei sprechen können, und der nicht versucht, das Gespräch auf sich zu lenken. Wenn Sie die richtige Person gefunden haben, teilen Sie ihr mit, was Ihnen durch den Kopf geht und wie Sie sich fühlen. Ein mitfühlender Zuhörer kann Sie aufrichten und Ihnen die Unterstützung geben, die Sie brauchen, um sich besser zu fühlen. Außerdem kann das laute Sprechen und das Aufschlüsseln Ihrer Gedanken in einem Gespräch Ihnen helfen, Ihre Erfahrungen objektiv zu betrachten und ein tieferes Verständnis dafür zu gewinnen.

Alles in allem kann eine Therapie oder ein Gespräch mit einer Ihnen nahestehenden Person Ihrer psychischen Gesundheit und Ihrem emotionalen Wohlbefinden zugutekommen. Suchen Sie sich jemanden aus, bei dem Sie sich wohlfühlen, und scheuen Sie sich nicht, die Hand auszustrecken und Kontakt zu Ihrem Umfeld aufzunehmen. Denken Sie daran, dass es immer jemanden gibt, der Ihnen zuhört und Ihnen hilft.

Tagebuchführung

Tagebuchschreiben ist eine Kommunikationsmethode, mit der Sie mit sich selbst sprechen und herausfinden können, was in Ihrem Kopf vorgeht. Wenn Sie sich angewöhnen, Ihre Gedanken aufzuschreiben, wirkt das beruhigend, da Sie Ihre Gefühle und Ideen herauslassen. Es kann Sie beruhigen, selbst wenn Sie die stärksten Emotionen durchleben. Außerdem können Sie all Ihren Gedanken und Gefühlen einen Namen geben, was Ihnen mehr Gewissheit über sich selbst und über das, was Sie gerade durchmachen, verschafft. Regelmäßiges Tagebuchschreiben fördert die Selbsterkenntnis, indem es zeigt, was in Ihrem Verstand vor sich geht und welche Muster Sie bei der Verarbeitung von Informationen anwenden. Durch das Aufschreiben von Informationen können Sie Daten aus verschiedenen Zeiten miteinander vergleichen und neue Lösungen finden. Sie können die Notizen später noch einmal lesen, um verschiedene Perspektiven auf dieselben Themen zu gewinnen.

Ein Stimmungstagebuch ist für diesen Zweck besonders hilfreich. Sie verwenden diese Art von Tagebuch, um über die Gefühle zu schreiben, die Sie jeden Tag durchleben. Die Gefühle, ob gut, neutral oder schlecht, werden aufgeschrieben und von Ihnen untersucht. Sie können erkennen, welche Auswirkungen die zugrunde liegenden Umstände oder Ereignisse auf Ihr Gemüt haben und wie Sie auf diese Auslöser gesünder reagieren könnten. Schließlich sind Stimmungstagebücher ein großartiges Hilfsmittel, um eine neue Perspektive auf Verhaltensmuster zu gewinnen.

Weinen, wenn nötig

Es gibt viele Momente in unserem Leben, in denen nichts zu helfen scheint, doch durch Weinen können Sie die aufgestauten Emotionen herauslassen. Weinen löst den Druck, der sich in Ihrem Kopf durch Trauer, Angst, Hass, Verwirrung oder allgemeine Überforderung aufgebaut hat. Indem Sie sich hingeben und die Tränen fließen lassen, spüren Sie, wie sehr Sie von den Ereignissen, die die Emotionen ausgelöst haben, betroffen sind, und können den dadurch verursachten Stress innerlich verarbeiten.

Eine der Folgen des Weinens ist, dass das parasympathische Nervensystem aktiviert wird. Dieses System steuert Ihre Fähigkeit zu schlafen und ist von dem System getrennt, das Ihre Kampf- oder Fluchtreaktion reguliert. Mit anderen Worten: Wenn Sie weinen, lösen Sie sich von Ihrem Kampfmechanismus und beruhigen sich. Ebenso reduziert Weinen den Stress, was zu mehr Ruhe führt. Außerdem werden sowohl Endorphine als auch Oxytocin ausgeschüttet, was Ihnen einen emotionalen Schub verleiht. Es ist nicht ungewöhnlich, dass man sich nach dem Weinen wohlfühlt und eine bessere Einstellung zum Leben und zur Welt hat.

Anspannung lösen

Anspannung durch Stress und Emotionen beeinträchtigt unsere Produktivität bei der Arbeit und in unserem Leben. Wenn man sich beispielsweise in einem sportlichen Wettkampf befindet, spürt man den Rausch der Begeisterung und die Anspannung der Nerven. Aber wenn man ein Trauma erlebt oder viel emotionalen Ballast angesammelt hat, wird es schwieriger, sich der Unsicherheit zu stellen und sie routinemäßig herauszulassen. Dieser aufgestaute Druck hält Sie dann zurück und beeinträchtigt die Dinge, die Sie tun möchten, wie zum Beispiel sportliche Erfolge. Er kann sogar Schmerzen verursachen oder Krankheiten auslösen.

Um sie zu lösen, können Sie sich bewusster Bewegungstechniken bedienen. Zu den bewussten Bewegungen gehören meditatives Gehen, Tai-Chi, Schütteln, Tanzen, Bauchatmung, Qigong, Yoga, Stretching, Walking und Kampfsportarten. Die bewusste Bewegung beschäftigt Ihren Geist mit einer ruhigen Aufgabe, die Ihre Aufmerksamkeit auf Ihren Körper lenkt und es Ihnen ermöglicht, körperliche Empfindungen und empfindliche Stellen loszulassen, die sich möglicherweise angestaut haben. In den empfindlichen Bereichen sind oft unbewusst Erinnerungen gespeichert, die in den Körper eingedrungen sind und zu Unwohlsein geführt haben. Diese gespeicherten Erinnerungen sind einer der Gründe, warum alternative Therapien wie Akupunktur und Massage, die direkt auf die empfindlichen Stellen des Körpers einwirken, so wirksam bei der Lösung von Anspannungen sind. Außerdem können alle Signale, die in den limbischen Strukturen Ihres Gehirns oder in Ihren Nervenkanälen gefangen sind, herausfließen und sich lösen.

Nutzen Sie die verschiedenen Techniken, die unter dem Begriff „*Stille*" zusammengefasst werden, als alternativen gesunden Ausdruck von Emotionen. Zu den Techniken der Stille gehören progressive Muskelentspannung, Atemübungen, das Hören von Entspannungsmusik, Meditation, Sitzen in der Natur und das Praktizieren von Affirmationen. Sie helfen Ihnen, sich in der Gegenwart, in Ihrem Körper und in Ihrer Umgebung zu verankern. Die Ablenkung wird verlangsamt und umgangen, sodass Sie sich besser auf Ihre innere Welt konzentrieren können. So können Sie die Dinge, die Sie in sich aufgestaut haben, leichter herauslassen.

Kapitel 7

Vier Schritte zur emotionalen Agilität

In den folgenden vier Abschnitten werden die wichtigsten Schritte zur täglichen Anwendung der emotionalen Agilität erläutert. Während das vorherige Kapitel Techniken aufzeigte, mit denen Sie verschiedene Aspekte der emotionalen Agilität verbessern können, zeigt dieses Kapitel, wie der Prozess dieser emotionalen Fähigkeit selbst funktioniert.

Anwesend sein

Der erste Schritt besteht darin, *sich seinen Gefühlen zu stellen*. Es ist vielleicht nicht immer einfach, sich ihnen zu stellen, vor allem wenn sie peinlich oder für die Situation irrelevant sind. Vielleicht gibt es in Ihrem Umfeld Menschen, die Ihnen ein schlechtes Gewissen machen, weil Sie Gefühle zu einem Thema haben oder zeigen. Die Abwertung persönlicher Gefühle ist sogar noch häufiger, wenn Sie zu einer Kultur gehören, die es als wichtig erachtet, dass Sie Ihre privaten Gedanken und Gefühle von der Außenwelt abgrenzen, das heißt, man erwartet von Ihnen, dass Sie stark und emotionslos wirken.

Die Arbeit in größeren Unternehmen ist oft so. Sie treffen auf Kunden, die hohe Summen für die Dienstleistungen des Unternehmens bezahlen. Sie erwarten eine Fünf-Sterne-Behandlung, für die sie auch bezahlen. Dabei denken viele Kunden, dass es in

Ordnung ist, wenn man Sie wie Abschaum behandelt. Es ist unangemessen, dem Kunden zu widersprechen, ihn abzuschmettern oder frech zu antworten. Das würde Ihnen selbst und dem Unternehmen schaden, aber es ist besser, zuzugeben, dass Sie sich ausgenutzt oder nicht respektiert fühlen, als es in sich hineinzufressen. Auch wenn Sie nicht unbedingt darauf reagieren sollten, ist es gut, Ihre Gefühle zu kennen und zu wissen, warum sie erscheinen.

Dennoch müssen Sie sich ihnen irgendwann stellen, und zwar lieber früher als später. Achten Sie auf Ihre Gedanken, damit Sie feststellen können, welche Sichtweise Sie dem Thema zugrunde legen. Ihre Gedanken beeinflussen Ihre Emotionen. Wenn Sie also wissen, welche Überzeugungen Sie zu dem Thema haben, können Sie Ihre Gefühle klären und herausfinden, warum Sie sie haben. Sie erklären auch Ihr Verhalten, denn es resultiert aus Ihren Gedanken und Gefühlen, ob bewusst oder unbewusst. Wenn Sie sich Ihre Gedanken vor Augen führen, wird Ihnen klar, wie Sie Ihr Verhalten am besten ändern können, damit es besser zu Ihren Werten passt.

Wenn Sie Ihre Gedanken, Gefühle und Verhaltensweisen wahrgenommen haben, sollten Sie sie im nächsten Schritt nicht verurteilen. Versuchen Sie, sie zu verstehen, und sei es nur auf der Ebene von Ursache und Wirkung. Ein Teil des Anwesendseins ist das Anwesendsein als Sie selbst, was Selbstakzeptanz erfordert.

Heraustreten

Heraustreten bedeutet, dass Sie von Ihren Gedanken, Gefühlen und Verhaltensweisen zurücktreten, sobald Sie diese bemerkt haben. In der Zwischenzeit ist der Schritt zurück ein wesentlicher Schritt im Prozess der emotionalen Agilität, den Sie nutzen, um eine größere Perspektive zu gewinnen. Mit dem Verständnis und der Akzeptanz, die Sie im vorherigen Schritt gewonnen haben, können Sie Ihre persönlichen Erfahrungen schätzen. Wenn Sie einen Schritt zurücktreten, zeigt das Gesamtbild, dass hinter der

Situation oder dem Trigger mehr stecken kann, als Sie zunächst wahrgenommen haben.

Bei dem Beispiel des Umgangs mit anspruchsvollen Firmenkunden ist das Heraustreten der nächste Schritt, nachdem Sie akzeptiert haben, dass Sie sich zu Recht nicht respektiert fühlen. Lehnen Sie sich nach der Arbeit oder in Ihrer Pause zurück und schauen Sie sich die Situation an, die sich entwickelt hat. Vielleicht fallen Ihnen ein paar Dinge auf, wie zum Beispiel unvollständige Formulare, die den Kunden verärgert haben. Wenn Sie dies wissen, können Sie positive Maßnahmen ergreifen, um Ihren Mitarbeiter zu korrigieren, der den Papierkram nicht ausgefüllt hat. Wenn Sie ihn korrigieren, werden weniger verärgerte Kunden Sie mit diesem Problem konfrontieren. Sie können sich auch in den Kunden hineinversetzen und dadurch sehen, dass er seinen Frust an Ihnen auslässt, aber Ihnen nicht die Schuld gibt. Sein Verhalten war unangemessen, aber jetzt verstehen Sie den gesamten Kontext besser, der zu seinem Ausbruch geführt hat.

Ihre Gefühle sind nicht Sie, sondern die Art und Weise, wie Sie die Dinge erleben. Diese Unterscheidung ermöglicht es Ihnen, sich abzugrenzen, und macht es viel einfacher, ein Gefühl zu überwinden. Eine Analogie, die dies verdeutlicht, ist, wenn Sie in einem Flugzeug sitzen. Das Flugzeug fliegt auf und ab, ändert die Richtung und ist den Elementen ausgesetzt, während Sie sich darin befinden. Sie gehen mit den Bewegungen mit, sind aber nicht das Flugzeug. Sie sind von ihm getrennt und werden am Zielort aussteigen. Genauso gehen Sie mit Ihren Gefühlen mit und benutzen sie, um von einem Ort zum anderen zu gelangen. Dennoch trennt man sich von den Gefühlen, wenn eine Wirkung eingetreten ist. Es kann hilfreich sein, diese Trennung in Ihre täglichen Abläufe einzubauen. Sie sind nicht ein wütender, trauriger oder ängstlicher Mensch (als Beispiele), sondern vielmehr ein Mensch, der Wut, Trauer oder Angst erlebt.

Ihrem „Warum" folgen

Wenn Sie sich von Ihren Gefühlen gelöst haben, müssen Sie sich überlegen, wie Sie vorgehen wollen. Sie müssen Ihre Werte und Ziele gut kennen, um Ihr Handeln zu bestimmen. Ihre Werte sind die Leitprinzipien, die es Ihnen ermöglichen, Entscheidungen im Leben zu treffen, während Ihre Ziele die Dinge sind, die Sie verwirklichen wollen. Das eine ist ein *„Weg"* oder eine Lebensweise, das andere ist eine *„Destination"*.

Die Emotionen und Gedanken, die Sie im obigen Schritt des *„Anwesendseins"* betrachtet haben, erzeugen Impulse in Bezug auf ihre Stimuli. In der Phase des *„Heraustretens"* haben Sie das Gesamtbild gesehen, einschließlich des Triggers und der Emotion. Legen Sie nun fest, wie Sie Ihre Werte in die Umsetzung des Stimulus einfließen lassen können. Wenn Sie beispielsweise von einem Familienmitglied aus einer Veranstaltung geworfen werden, weil Sie eine andere politische Meinung haben als jemand anderes, könnten Sie wütend werden. Wenn Sie aus der Situation heraustreten, wird Ihr Gefühl bestätigt. Indem Sie es anerkennen, können Sie sich zurücklehnen und den Kontext des Ausschlusses betrachten – Ihre Familie.

Sie werden sehen, wie Ihre Werte zur Situation passen, wenn Sie Ihr *„Warum"* leben. Nehmen wir an, Sie sind eine Person, die Wert auf ihre familiären Beziehungen legt. In diesem Fall könnte es Ihre Beziehung zu anderen Familienmitgliedern dauerhaft schädigen, wenn Sie sich aufregen und die andere Person belästigen. Vielleicht sind Sie aber auch ein Mensch, der Wert auf Respekt und Gerechtigkeit legt. In diesem Fall werden Sie trotzdem mit der anderen Partei kommunizieren wollen, um ihr Verhalten zu kritisieren.

Anschließend könnten Sie sich überlegen, das Familienmitglied, das Sie hinausgeworfen hat, einige Tage später anzurufen und zu sagen, dass Sie mit ihm sprechen möchten. Ein Treffen an einem öffentlichen Ort wird dazu beitragen, dass die Dinge zivilisiert bleiben, sodass Sie beide miteinander kommunizieren und Ihre Differenzen ausräumen können, damit sich ein ähnlicher Vorfall nicht wiederholt. Wenn Sie dies mit Ihrem persönlichen Ziel in Einklang bringen, enge Familienbande und regelmäßige Familientreffen zu haben, könnte dies dazu führen, dass alle die Gesellschaft der anderen genießen können und dass Sie sogar ein persönliches Ereignis mit allen feiern können (auch mit der Person, mit der Sie sich gestritten haben), da Sie alle Unannehmlichkeiten hinter sich gelassen haben.

Weitermachen

Der letzte Schritt besteht darin, weiterzumachen, nachdem Sie Ihren Aktionsplan ausgearbeitet und umgesetzt haben. Es hat keinen Sinn, zu den Emotionen zurückzukehren, die Sie bereits verarbeitet haben. Sie werden nur wieder lebendig und zerstören das Gefühl der Ruhe, das Sie während des Ereignisses erlangt haben. Konzentrieren Sie sich stattdessen auf Ihre Werte und Ziele, um Ihre Bemühungen aufrechtzuerhalten. Auf diese Weise können Sie endgültig damit abschließen.

Kleine Änderungen an Ihren Gewohnheiten sind ein Teil der Maßnahmen, die verhindern, dass sich Trigger-Szenarien wiederholen. Triggernde Entwicklungen treten oft auf, weil wir dazu beigetragen haben, sie ins Leben zu rufen. In manchen Fällen werden sie allein durch äußere Ursachen ausgelöst. In diesem Fall haben unsere Gewohnheiten zu einer zu starken emotionalen Reaktion beigetragen. Wenn wir daran arbeiten, unsere Gewohnheiten zu ändern, können wir verhindern, dass sich diese Dinge in Zukunft wiederholen. In dem Beispiel des Familienmitglieds, das Sie aus der Versammlung geworfen hat, hat die Gewohnheit, über Politik zu sprechen, zu dem Problem beigetragen. Wenn Sie es also unterlassen, mit der Familie über Politik zu sprechen, oder zumindest mit denjenigen, die gegen die Art von Diskussionen sind, die Sie darüber führen, wird das viel dazu beitragen, dass die Dinge in Zukunft zivilisiert und angenehm bleiben.

Angenommen, es fällt Ihnen schwer zu erkennen, wo Ihre Gewohnheiten zu der Situation beigetragen haben. In diesem Fall kann es immer hilfreich sein, einen externen Blickwinkel einzunehmen. Wenn Sie mit einem oder zwei anderen Familienmitgliedern sprechen, können Sie Ihren Blickwinkel um die Dinge erweitern, die diese beobachtet oder empfunden haben. Mit der erweiterten Beobachtung können Sie feststellen, ob es in diesem Teil Ihres Lebens Gewohnheiten gibt, die nicht mit Ihrem Ziel übereinstimmen.

Außerdem zeigen Ihre Emotionen an, wie das Ganze mit Ihren Werten im Einklang steht. Indem Sie sie beachten, können Sie viele flexible Ansätze für ein und dasselbe Problem erarbeiten und Entscheidungen treffen, die Ihrem Gefühl für persönliche Integrität entsprechen, ohne Ihr Ziel aus den Augen zu verlieren. Auf diese Weise können Sie Ihr Empfinden für richtig und falsch, Ihre Gefühle und Ihre Ziele in Einklang bringen.

Säule 4
Denkweisen

Ihre Einstellung ist entscheidend dafür, dass Ihr Leben produktiv und erfolgreich bleibt. Eine gesunde Einstellung ist wie Dynamit und führt Ihr Leben zu spektakulären Ergebnissen.

Kapitel 8

Denkweisen erforschen

In diesem Kapitel werden wir untersuchen, was „Denkweise" bedeutet. Dabei wird auch untersucht, warum die Denkweise wichtig ist und welche zwei Hauptkategorien es gibt: die *statische Denkweise und die dynamische Denkweise, auch Wachstumsmentalität genannt.*

Was ist eine Denkweise?

Ihre Denkweise bestimmt Ihre Einstellung und Ihr Verhalten. Es handelt sich um eine geistige Einstellung, die sich aus Ihrer Selbstwahrnehmung ergibt (das heißt wie Sie sich selbst sehen), insbesondere wie Ihr Verstand ausgerichtet ist. Nehmen wir zum Beispiel an, Sie sehen sich als jemanden, der seine Lebensbedingungen verbessern und sich weiterbilden möchte. In diesem Fall sind Sie ein Mensch mit einer Wachstumsmentalität.

Die Auswirkungen, die Bedeutung und die Folgen von Denkweisen

Ihre Denkweise zeigt, wie Sie sich den Herausforderungen des Lebens stellen. Sie gibt Einblick in Ihre Grenzen und in das, was Sie erreichen können, und zeigt, wie Sie sich erweitern können, um mehr zu erreichen. Wenn Sie also herausgefunden haben, dass Sie in Bezug auf etwas eine statische Denkweise haben, können Sie diese in eine dynamische Denkweise umwandeln; wenn Sie sehen, dass Sie bereits eine dynamische Denkweise haben, können

Sie Ihre Bemühungen um Verbesserungen verstärken oder so weitermachen wie bisher.

Wenn Sie eine Meinung über die Denkweise einer anderen Person haben, kann sich das darauf auswirken, wie Sie sie behandeln. Am deutlichsten wird diese Reaktion in Lernumgebungen. Wenn jemandem eine statische Denkweise unterstellt wird, ist man vielleicht nicht bereit, ihm die gleiche Aufmerksamkeit oder Anstrengung zu schenken wie anderen Lernenden. Zu dieser Vernachlässigung kommt es, wenn Menschen als dumm oder nicht besonders intelligent eingestuft werden und das in ihnen schlummernde Potenzial nicht aufgeweckt wird. Die Folge ist eine ungleiche Behandlung und Einstellung.

Das Gehirn kann wachsen und sich verändern, aber zuerst muss man dies verstehen und bereit sein, etwas dafür zu tun. Das Wachstum des Gehirns ist mit der Bereitschaft verbunden, Prozesse zu durchlaufen, um neue neuronale Bahnen anzulegen. Manchen Menschen muss man zunächst zeigen, dass sie mehr lernen und sich weiterentwickeln können, wenn Stagnation ihre bisherige Norm war.

Wenn eine Person versteht, dass jeder Geist wachsen und sich verbessern kann, öffnet sich die Tür zum Lernerfolg. Selbst diejenigen, die als leistungsschwach, unbegabt oder erfolglos angesehen werden, können sich weiterbilden. Die Steigerung der Fähigkeiten verbessert die Widerstandsfähigkeit bei der Verfolgung von Zielen, die Effizienz und die Leidenschaft.

Zwei Arten von Denkweisen

Die beiden Arten von Denkweisen sind entweder statisch oder dynamisch bzw. wachstumsorientiert. Man kann eine statische oder dynamische Einstellung zu sich selbst im Allgemeinen haben. Ebenso können Sie eine statische oder dynamische Einstellung zu verschiedenen Themen und Tätigkeiten haben. Im letzteren Fall haben Sie ein *„gemischtes Profil".* Wie auch immer die Situation aussieht, Sie können sie entweder in eine Wachstumsmentalität oder eine Verbesserung Ihrer bestehenden Wachstumsmentalität umwandeln.

Statisch

Wenn jemand eine statische Denkweise hat, glaubt er, dass seine Fähigkeiten von Anfang an einprogrammiert sind und sich sein Intelligenzniveau nicht ändern wird. Diese festgefahrene Sichtweise vermittelt die düstere Aussicht, dass man in einigen Bereichen des Lebens keinen Erfolg haben kann, egal, wie sehr man sich bemüht. So kann es passieren, dass man von vornherein aufhört, etwas zu versuchen, und alle Gelegenheiten ignoriert, von denen man glaubt, dass sie die eigenen Fähigkeiten übersteigen.

Anstatt an der Erweiterung Ihrer Fähigkeiten und Talente zu arbeiten, geben Sie sich damit zufrieden, Ihren Kenntnisstand zu dokumentieren, damit Sie wissen, welche Wege Sie im Leben einschlagen und welche Sie ignorieren sollten. Wenn Sie auf eine Herausforderung stoßen und sie nicht bewältigen können, versuchen Sie nicht, mehr darüber zu lernen und Sie mit Ihrem erweiterten Wissen erneut in Angriff zu nehmen, sondern Sie rationalisieren den Misserfolg mit Ausreden. Das Ergebnis ist, dass Sie diesen Bereich aufgeben.

Dies ist in der Kinderleichtathletik zu beobachten. Ein oder mehrere Kinder haben die Denkweise, dass sie nicht für den Sport geschaffen sind und nie etwas erreichen werden. Aufgrund dieser Einstellung versuchen sie nicht einmal, richtig teilzunehmen. Diese wenigen Kinder verursachen also durch ihr Verhalten einen Leistungsabfall. Wenn man sie nicht aus dieser Denkweise herausholt, werden sie nie voll mitmachen. Der Trick besteht darin, die statische Denkweise zu durchbrechen und sie in eine dynamische bzw. wachstumsorientierte Denkweise zu überführen.

Eine statische Denkweise ist eine Denkweise, die Beteiligung, Anstrengung und Leistung unterminiert. Sie schränkt Sie ein und hindert Sie daran, die Person zu sein, die Sie sein könnten.

Dynamisch

Im Gegensatz dazu ist eine dynamische Denkweise, die auch Wachstumsmentalität genannt wird, eine Perspektive, die besagt, dass man in einer Sache immer fähiger werden kann. Vielleicht sind Sie in einem Bereich bereits gut, aber nichts hindert Sie daran, weitere Fähigkeiten zu erwerben. Die Wachstumsmentalität ist beispielsweise bei vielen Leistungssportlern zu finden, die bereits zu den Besten der Welt gehören: Sie lernen immer weiter, sehen sich Aufzeichnungen ihrer Wettkämpfe an und trainieren für höhere Leistungen.

Wenn Sie das Gefühl haben, dass es Ihnen an Fähigkeiten mangelt, dann wissen Sie, dass eine gewisse Schulung oder Ausbildung Ihnen die nötigen Fähigkeiten vermitteln kann. Ich habe das bei einigen älteren Menschen erlebt, die anfangs nichts über Handys und digitale Technologie wussten. Andere Menschen in ihrem Alter hatten sich damit abgefunden, sich auf andere zu verlassen, wenn es um technologische Bedürfnisse und Dienstleistungen ging, während diese Menschen sich die Mühe machten, etwas zu lernen. Obwohl sie bereits im Ruhestand waren und die Technologie noch nicht kannten, lasen sie Bücher und Zeitschriften. Sie nahmen an Kursen teil, um dieses neue Fachwissen zu erwerben. Diese Personen sind nun selbstständige und geschätzte Mitglieder von sozialen Vertretungen und bürgerlichen Gremien.

Am Beispiel der Kinderleichtathletik schauen wir uns nun die dynamische Denkweise an. Es mag einige Kinder geben, die in den jeweiligen Sportarten nicht besonders gut sind, aber Sie würden sich schwertun, Kinder mit einer Wachstumsmentalität zu finden, die nicht ihr Bestes geben. Diese Kinder wissen, dass sie mit Übung, Kräftigung, Ausdauer und dem Verständnis der Regeln und einiger theoretischer Grundlagen irgendwann Erfolg haben werden. Das kann in ein paar Wochen oder sogar in ein paar Jahren sein, aber ihr Enthusiasmus bleibt, und ihr Elan trägt sie bis zur Vollendung.

Ihr Verstand und Ihr vorhandenes Talent sind Ihr Ausgangspunkt, aber Sie können sich ständig verbessern und dazulernen. Die neuronale Plastizität ist eine Eigenschaft des Gehirns, die, wenn sie genutzt wird, zu einer Zukunft führen kann, die viel erfolgreicher ist als in Ihren kühnsten Träumen.

Kapitel 9

Wachstumsmentalität

Eine wachstumsorientierte Denkweise ist notwendig, um die Verbesserungen zu erkennen, die Sie in Ihren Fähigkeiten erzielen können. Es ist jedoch auch wichtig zu wissen, dass Wachstum zwar immer möglich ist, aber manchmal Zeit braucht. Und es erfordert Anstrengung. Die Plastizität des Gehirns ist ein bemerkenswerter Aspekt Ihrer Denkfähigkeiten. Es wäre am besten, Zeit und Mühe darauf zu verwenden, die Vorteile dieser Fähigkeit zu nutzen.

Was bedeutet es, eine Wachstumsmentalität zu haben?

Der Kern der Wachstumsmentalität ist die Überzeugung, dass man lernen kann, intelligenter zu sein als man es bereits ist. Sie können sich Wissen und Problemlösungsfähigkeiten aneignen, sei es aus Büchern, Videos oder anderen Informationsquellen, aber Sie müssen auch Fähigkeiten, Fertigkeiten und Gedächtnisleistung trainieren. Der Prozess mag viel Engagement erfordern, aber die Ergebnisse werden sich auszahlen.

Für diejenigen, die bereits als überdurchschnittlich intelligent gelten, ist es ein Trost zu wissen, dass sie ihre Intelligenz noch weiter steigern können. Viele intelligente Menschen stehen vor dem Problem, dass sie glauben, sie seien intelligent und hätten diese Fähigkeit von Geburt an. Das Problem besteht darin, dass sie sich mit ihrer vorhandenen Fähigkeit abfinden, weil sie glauben, sie sei festgelegt. Eine starre Sichtweise kann entmutigend sein, wenn man versucht, etwas von immenser Komplexität zu erreichen, und das Gefühl hat, dass man diesen Herausforderungen nicht gewachsen ist.

Da es nur wenige Lernressourcen zu hochkomplexen Themen gibt, könnte man meinen, dass es sinnlos ist, sein Wissen über diese Themen zu erweitern. Lernressourcen sind jedoch immer in der einen oder anderen Form verfügbar, zum Beispiel durch Gespräche mit führenden Experten auf einem Gebiet. Wenn Sie kein Informationsmaterial zur Verfügung haben, können Sie durch gründliche Recherchen Ihre eigenen Gedanken formulieren. Es gibt immer einen Weg, um mehr Wissen über ein Thema zu erlangen.

Engagierte Bemühungen trainieren Ihr Gehirn. Und indem Sie Ihr Gehirn trainieren, stärken Sie es und erhöhen seine Kapazität. Durch die wiederholte Nutzung der gleichen neuen neuronalen Pfade verfestigen Sie diese. Durch die Etablierung neuer Pfade wird es einfacher, sie in Zukunft zu nutzen, wodurch mühelose Kompetenz entsteht. Der Wunsch nach Herausforderung lässt Sie immer wieder zu diesem wiederholten Prozess des Erlernens neuer Fähigkeiten und der Schaffung neuer neuronaler Pfade zurückkehren. Das macht Sie widerstandsfähiger gegen Misserfolge, weil Sie sich angewöhnen, immer wieder zu versuchen, Ihre Fähigkeiten zu erweitern, wenn Sie mit Problemen konfrontiert werden.

Vorteile einer Wachstumsmentalität

Nur eine wachstumsorientierte Denkweise ermöglicht es Ihnen, Ihre Misserfolge als das zu sehen, was sie sind, und aus ihnen für die Zukunft zu lernen. Durch dieses Lernen können Sie verhindern, dass sich der Misserfolg in Zukunft wiederholt. Das Vermeiden des Themas, bei dem Sie versagt haben, ist eine Art der Herangehensweise, die es Ihnen nicht ermöglicht, Ihre Kenntnisse in diesem

Bereich zu erweitern. Zu sehen, wo man versagt hat, es zu untersuchen und daraus zu lernen, gibt Ihnen jedoch diese Chance.

Die Wachstumsmentalität ist die Grundlage für lernorientiertes Verhalten. Bei dieser Art von Verhalten steht das Lernen als zentrales Merkmal Ihres Lebens im Vordergrund. Sie können lernen, ein besserer Partner, besseres Elternteil, besseres Kind und besserer Bürger zu werden. Die Einstellung eines lebenslang Lernenden ist es, immer ein wenig mehr zu wissen als zuvor. Dazu gehört auch, Wissen über sich selbst und seine Persönlichkeit zu erlangen.

Mit einer solchen Mentalität können Sie mehr Erfolg haben. Sie werden mehr wissen als gestern und viel mehr als noch vor ein paar Jahren. Andere Menschen mit einer statischen Denkweise haben sich damit abgefunden, wie sie sind und was sie haben, und sie werden stagnieren und nicht nach Höherem streben. Wenn Sie eine wachstumsorientierte Einstellung haben, können Sie anderen ein Beispiel dafür geben, wie sie lernen und sich verbessern können. Auf diese Weise gewinnen Sie an Einfluss und Respekt.

Sie werden nicht nur neue Dinge erreichen, die Sie vorher nicht erreichen konnten, sondern auch wissen, wie Sie Dinge, die Sie bereits gut können, anders angehen können. Auf diese Weise können Sie effizienter werden und Ihre Ansätze differenzierter gestalten. Wenn Sie etwas tun wollen, werden Sie ein größeres Bild davon haben, was zu tun ist und wie Ihre Aktion in das Gesamtbild passt. Das komplexe Geflecht, in dem die Dinge zusammenhängen, wird deutlicher, und Sie werden das Gefühl haben, diese Welt besser zu verstehen.

Die Vorteile einer Wachstumsmentalität bestehen also darin, dass Sie mehr lernen, mehr erreichen, sich selbst und die Welt besser verstehen und eine positivere Einstellung zum Leben haben werden.

Wie man eine Wachstumsmentalität entwickelt

Eine Wachstumsmentalität zu entwickeln, könnte einfacher sein, als Sie denken. Es beginnt mit einer Intervention, bei der Ihre Aufmerksamkeit auf die Fähigkeit des Gehirns gelenkt wird, trainiert zu werden und stärker zu werden. Verstehen Sie die neuronale Plastizität so gut wie möglich. Sie sollten sich darüber im Klaren sein, dass Sie das Wachstum Ihres Gehirns selbst in die Hand nehmen können. Solange sie verstehen, dass sie die Leistung ihres Gehirns verbessern können, können sie auch Ergebnisse erzielen.

Als Lehrer können Sie Ihren Schülern zum Beispiel beibringen, dass sie ihre geistigen Fähigkeiten erweitern können. Die neuronale Plastizität lässt sich erklären, indem man das Gehirn als ein Straßennetz beschreibt. Die Autos auf den Straßen sind die Gedanken im Gehirn, und sie fahren vor allem auf den großen Autobahnen. Die großen Autobahnen sind die neuronalen Bahnen, die wir am häufigsten benutzen, während neue neuronale Bahnen wie Feldwege entstehen, wenn die Autos neues Terrain erkunden. Je mehr die Spuren von anderen Autos benutzt werden, desto dauerhafter werden sie. Schließlich wird ein richtiger Feldweg angelegt, wenn in der Gegend Häuser gebaut werden, und ein Asphaltweg, wenn das Ausmaß des Verkehrs dies erfordert. Anhand dieses Beispiels können Sie den Kindern zeigen, dass sie ihre *„festgefahrenen"* Fähigkeiten und Denkweisen über sich selbst verändern können, genauso wie etwas so Dauerhaftes wie das Straßensystem verändert werden kann.

Zeigen Sie einer Person, dass sie ihr Gehirn trainieren kann. Man erweitert die Fähigkeiten des Gehirns und trainiert das Organ selbst. Dazu übt man immer wieder neue Fähigkeiten und lernt weitere Informationen. Dieser Prozess wird durch eine gute körperliche Gesundheit beschleunigt, da der Körper (insbesondere das Gehirn) besser arbeitet, wenn er die notwendigen Ressourcen erhält. Man kann sogar die Fähigkeit des Gehirns zur Aufnahme von Informationen erweitern, was den Lernprozess beschleunigt.

Das Training von Lernfähigkeiten ist der nächste Schritt auf dem Weg zu einer Wachstumsmentalität. Zu wissen, dass man alles lernen kann, ist in Ordnung, aber was ist, wenn man nicht weiß, wie man lernt? In verschiedenen Kursen lernen Sie, wie Sie Informationen gut aufnehmen können, um neue Informationen zu verstehen und zu nutzen. Im Internet nach Informationen über effektives Lernen zu suchen, ist einer der einfachsten Schritte, um dies zu erreichen, denn dort finden Sie gut recherchierte wissenschaftliche Informationen. Erlernen Sie diese Fähigkeit, Informationen gut aufzunehmen, denn sie wird einer der entscheidenden Faktoren für Ihren zukünftigen Erfolg sein, wenn Sie sich eine wachstumsorientierte Denkweise aneignen.

Der Ansatz zur Entwicklung einer Wachstumsmentalität ist also einfach. Der erste Schritt besteht darin, der Person bewusst zu machen, dass eine Erweiterung ihres Wissens und ihrer Fähigkeiten möglich ist. Der zweite Schritt besteht darin, der Person zu zeigen, dass sie ihr Gehirn trainieren kann, um das gewünschte Wachstum zu erreichen; dazu muss sie ihr Gehirn durch Lernen und Üben trainieren. Der letzte Schritt besteht darin, sicherzustellen, dass sie neue Informationen effektiv und effizient lernen können. Wenn dies alles erledigt ist, ist die Wachstumsmentalität fest verankert und einsatzbereit.

Säule 5
Mentale Stärke

Mentale Stärke ist die Fähigkeit, Schwierigkeiten zu überwinden und seine Absichten zu verwirklichen. Sie erfordert robusten Antrieb und Entschlossenheit sowie Selbstfürsorge und Selbstermächtigung. In den folgenden drei Kapiteln erfahren Sie, was mentale Stärke ausmacht, wie man mentale Konditionierung einsetzt und wie man mentale Stärke entwickelt.

Kapitel 10

Was ist mentale Stärke?

In diesem Kapitel befassen wir uns mit der Definition von mentaler Stärke, damit, wie sie Ihr Leben verbessern kann, und mit den vier Cs, die notwendig sind, um wirklich mental stark zu sein.

Definition

Der Kernpunkt der Definition von mentaler Stärke ist, dass man angesichts unangenehmer Bedingungen Entschlossenheit zeigt. Wie der frühere schottische Außenminister Walter Elliot sagte: *„Ausdauer ist kein langes Rennen, sondern viele kurze Rennen hintereinander."* Um mental stark zu sein, müssen Sie genug über Ihr Warum und den Wert Ihrer Arbeit wissen, um bereit zu sein, immer wieder aufzustehen. Sie können vielleicht Ausreden finden, warum Sie nicht aufstehen müssen, aber Sie tun es nicht. Es ist mehr wert, aufzustehen und sich wieder an die Arbeit zu machen, als sich hinzulegen und die Dinge geschehen zu lassen.

Mentale Stärke bedeutet, dass man seinen Geist trainiert, um sich Situationen zu stellen, die viel mentale oder emotionale Stärke erfordern, und sich dann wieder zu erholen. Ausdauer ist ein Teil der Stärke, denn wenn man sich wiederholt oder dauerhaft unerwünschten Bedingungen stellt, zeigt man echte Stärke. Resilienz, das heißt die Fähigkeit, große Probleme in Angriff zu nehmen und wieder aufzustehen, ist ein weiterer Aspekt der Stärke, die für ein erfolgreiches Leben unerlässlich ist.

Hochschulabsolventen sind ein Musterbeispiel für mentale Stärke. Sie werden mit Stoffen konfrontiert, die sie nicht verstehen, und mit sozialen Situationen, die für sie neu sind. Vielleicht ziehen sie sogar von zu Hause weg und lassen ihr gewohntes Leben hinter sich. Trotzdem setzen sie sich beharrlich mit den Informationen, Aufgaben und Übungen auseinander, um neue Erkenntnisse zu gewinnen. Resilienz wird aufgebaut, wenn sie bei Tests durchfallen oder nicht gut abschneiden, aber dennoch weiter an sich arbeiten, um sich zu verbessern. Letztendlich ist die mentale Stärke tief verwurzelt, und die Personalverantwortlichen wissen, dass die Person, die ihnen gegenübersitzt, genug Durchhaltevermögen hat, um über einen langen Zeitraum hinweg ihre Energie für ein bestimmtes Ergebnis einzusetzen.

Wenn Sie mental stark sind, wissen Sie, dass Erwartungen an Sie gestellt werden und Sie Ihr Bestes geben werden, um sie zu erfüllen. Sie sind davon überzeugt, dass Sie einfallsreich sind und Ihre Entscheidungen oder Ziele verwirklichen können. Wenn andere keine hohen Erwartungen an Sie haben, zeigen Sie ihnen, dass Sie fähig sind. Sie lassen sich nicht von Negativität aufhalten, sondern nutzen sie als Ansporn, indem Sie diese Meinungen widerlegen.

Wie mit großen Problemen sollten Sie auch mit kleinen Rückschlägen gelassen umgehen. Die kleinen Rückschläge können Sie nicht ärgern, weil Sie sich auf größere Dinge konzentrieren müssen. Sie sind optimistisch, und die kleinen Negativitäten sind für Ihre Ziele irrelevant. Mentale Stärke ist also der Zustand, große und kleine Schwierigkeiten zu überwinden, sei es durch Menschen oder Situationen, und sie mithilfe Ihrer Fähigkeiten und Ihres positiven Selbstbewusstseins zu überwinden, was dazu führt, dass Sie die Ziele erreichen, die Sie sich vorgenommen haben.

Vorteile der mentalen Stärke

Mentale Stärke kommt sowohl Ihnen selbst als auch denjenigen zugute, die sich auf Sie verlassen. Ihr Wohlbefinden verbessert sich, wenn Sie über lange Zeiträume hinweg mental stark bleiben. Sie verbessern Ihre Lebenssituation in Bezug auf Ihr finanzielles Wohlergehen, wenn Sie Ihre mentale Stärke am Arbeitsplatz einsetzen. Sie werden auch den Zustand Ihres Unternehmens, Ihres Teams oder Ihrer sozialen Gruppe in Richtung Zielerreichung verbessern. Die wiederholte Erreichung von Zielen führt zu mehr Selbstvertrauen, weil Sie wissen, dass Sie fähig sind. Sie fühlen sich im Allgemeinen besser, was sich in Ihrem geistigen Wohlbefinden niederschlägt.

Gleichermaßen bedeutet mentale Stärke, dass der Stress in Ihrem Leben Sie weniger beeinträchtigen wird. Wenn Sie immer wieder schwierige Situationen durchleben und sich wieder aufrappeln, werden Sie ihnen gegenüber unempfindlicher. Es wird zur zweiten Natur, sich widerstandsfähig zu verhalten und mental auf Stress vorbereitet zu sein. Wenn Sie also auf stressige Situationen stoßen, werden Sie sie erwartet haben und es als Herausforderung sehen, sich zu beweisen.

Darüber hinaus kann mentale Stärke depressive Zustände lindern. Wenn man sich seinen Dämonen und Erwartungen stellt, werden sie schwächer. Ein Problem ist nur so lange ein Problem, wie man es nicht in den Griff bekommt. Wenn Sie sich also in einem depressiven Zustand befinden und das Gefühl haben, dass es keine Hoffnung gibt oder es Ihnen nie besser gehen wird, zwingt Sie mentale Stärke dazu, aufzustehen und trotzdem Ihr Bestes zu geben. Indem Sie aufstehen, wenn Sie sich so fühlen, werden Sie Herr über Ihre Trigger und Ihre Probleme. Sie gewinnen auch an Selbstachtung dafür, dass Sie aufgestanden sind, obwohl Sie sich schrecklich fühlten, und beginnen so, sich besser zu fühlen.

Ihre Schlafqualität verbessert sich oft, wenn Sie mentale Stärke einsetzen. Der Schlaf kann unter anderem durch unerledigte Aufgaben beeinträchtigt werden. Sie stapeln sich in unserem Kopf und nehmen unsere Aufmerksamkeit in Anspruch, sodass es uns schwerfällt, uns davon zu lösen. Ein besserer Schlaf hat auch Nebeneffekte, zum Beispiel das Gefühl, mehr Energie zu haben. Ganz zu schweigen davon, dass sich Ihre Produktivität und Ihre geistige Verfassung dadurch verbessern werden.

Das 4-C-Modell der mentalen Stärke

Diese vier Punkte sind der Kern der mentalen Stärke. Mit ihnen können Sie Ihren Geist stärken, um Ihre Herausforderungen zu meistern.

Kontrolle (Control)

In diesem Zusammenhang geht es darum, wie viel Kontrolle Sie über Ihr Leben und sich selbst haben. Ihre Emotionen und Gedanken sind ein Teil davon, und die in der dritten Säule erwähnten Aktionsschritte werden dazu beitragen, dass Sie beides besser im Griff haben. Es geht auch darum, das Gefühl zu haben, das Leben und die Entscheidungen, die Sie treffen, unter Kontrolle zu haben. Wenn Ihre Entscheidungen bestimmen, was Sie tun werden, haben Sie die Kontrolle, aber wenn alles in Ihrem Leben von anderen bestimmt zu werden scheint, dann haben Sie keine Kontrolle.

Die Fähigkeit, Ängste in Schach zu halten, ist ein wesentlicher Faktor der Kontrolle. Wenn Sie mentale Stärke einsetzen, werden Sie mit vielen Herausforderungen konfrontiert sein, die Sie scheinbar nicht bewältigen können. Die Lösung besteht darin, eine Wachstumsmentalität anzunehmen und Ihre Ängste zu überwinden, indem Sie den Herausforderungen standhalten.

Die Emotionen anderer können es schwieriger machen, die Kontrolle zu behalten, vor allem, wenn sie Sie von dem ablenken, was Sie zu tun versuchen. Der Weg, dies zu umgehen, besteht darin, die Ablenkungen so höflich wie möglich zu ignorieren und Ihre Aufmerksamkeit auf das zu richten, was Sie zu tun haben. Sie können nicht kontrollieren, wie andere über Ihr Handeln denken. Wenn Sie also Ihre Werte leben, sollten Sie sich nicht von den Gefühlen anderer ablenken lassen. Wenn Sie sich nach den Gefühlen anderer richten, leben Sie nicht Ihr Leben, sondern das der anderen.

Ein gutes Gefühl der Kontrolle verbessert Ihr Selbstbild. Die Wertschätzung, die Sie sich selbst entgegenbringen, wird durch die Disziplin, die Sie Ihrem Geist und Körper entgegenbringen, zunehmen. Wenn Sie Disziplin mit Ihren Werten verbinden, entwickeln Sie eine feste Vorstellung von Ihrer Identität und Ihren Überzeugungen. Eines der Ergebnisse ist, dass Sie sich mit sich selbst wohler fühlen, was zu einer Entspannung Ihrer Persönlichkeit führt. Dadurch wird Ihr Selbstvertrauen gestärkt und Sie fühlen sich fähiger, Dinge zu erledigen – und das bewirkt einen Dominoeffekt.

Spitzensportler sind das beste Beispiel. Wenn sie jeden Tag zum Training gehen, ignorieren sie die Schmerzen und Belastungen. Ihre Ernährung mag nicht immer die angenehmste sein oder ihren Vorlieben entsprechen. Wenn sie gesellschaftliche Verpflichtungen haben, bei denen sie länger aufbleiben oder viel Alkohol trinken müssten, sagen sie *„nein"*, auch wenn sie gerne daran teilnehmen würden. Persönliche Kontrolle trägt in vielen Fällen zu einem positiven Selbstbild bei.

Sportler wissen, dass sie ihre Gefühle und ihr Verhalten steuern können. Außerdem inspirieren sie andere mit ihrem Engagement. Wenn sie sich aus dem Sport zurückziehen, überträgt sich ihre Zuversicht, etwas zu erreichen, auf ihre neuen Aktivitäten. Wir alle kennen Geschichten, in denen ehemalige Sportstars zu erfolgreichen Geschäftsleuten wurden, und wir werden weiterhin ähnliche Geschichten hören. Die jahrelange harte Arbeit hat sich ausgezahlt, denn sie wissen, dass sie in ihren neuen Unternehmungen Ergebnisse erzielen werden, und ihre Geschäftspartner wissen das auch.

Ihre Lebensziele sind mit Ihrer Fähigkeit zur Kontrolle verknüpft. Eine grundlegende Beschreibung des Zusammenhangs lautet: Wenn Sie das Gefühl haben, dass Sie sich auf Ihre Ziele zubewegen, haben Sie das Gefühl, die Kontrolle zu haben. Sie haben das Gefühl, die Kontrolle zu verlieren, wenn Sie sich von Ihren Zielen entfernen oder bei der Verfolgung dieser Ziele nicht vorankommen. Ausreichende Widerstandsfähigkeit, um die Dinge im Einklang mit Ihren Absichten geschehen zu lassen, und gleichzeitig Widerstandsfähigkeit gegenüber Dingen, die versuchen, Sie aus der Bahn zu werfen, sind echte Kontrolle.

Sie können Yoga, Visualisierung, positives Denken und Affirmationen sowie Aufmerksamkeitskontrolle nutzen, um Ihr Gefühl der Kontrolle zu verbessern. Yoga baut Stress ab und lehrt Sie, Ihren Geist zu verlangsamen, um sich auf wenige wesentliche Dinge gleichzeitig zu konzentrieren. Durch Visualisierung können Sie sich ausmalen, was Sie wollen, wie es sich anfühlen wird, wenn Sie es haben, und wie Sie es erreichen können. Positives Denken und Affirmationen erfüllen Ihren Geist mit Hoffnung oder der Erwartung einer Verbesserung. So haben Sie einen Grund weiterzumachen, und die Aufmerksamkeitskontrolle verbessert Ihre Fähigkeit, Ihren Fokus auf das zu richten, was Sie wollen, und äußere Reize auszublenden.

Engagement (Commitment)

Engagement ist der Antrieb, sich auf das Erreichen eines Ziels zu konzentrieren. Trotz Hindernissen haben Sie sich etwas in den Kopf gesetzt und werden es auch verwirklichen. Diese Einsatzbereitschaft ist ein Merkmal einer zuverlässigen Person, die das

Vertrauen anderer gewinnt. Damit es leichterfällt, sich für ein Ergebnis einzusetzen, müssen Sie das Endziel, das Sie erreichen wollen, herausarbeiten. Sie arbeiten auf dieses Ziel hin, und wenn Sie ein klares Bild davon haben, werden Sie nicht in Verwirrung und Orientierungslosigkeit verfallen. Konsequenz auf dem Weg zu diesem Ziel ist etwas, das Sie ohne große Schwierigkeiten beibehalten können.

Ein geringes Maß an Ablenkung ist eines der Ergebnisse von Engagement, weil Sie sich dem Erreichen einer bestimmten Sache widmen und Dingen, die nicht dazu beitragen, keine unnötige Beachtung schenken. Es wird zu Ihrer Gewohnheit, sich auf Erfolg und Wachstum zu konzentrieren und nicht auf Dinge, die Sie runterziehen oder wegziehen könnten. Diese Konzentration ist einer der Gründe, warum Engagement eine Komponente der Resilienz ist. Mit Engagement sind Sie belastbar, wenn es darum geht, die Aufgaben, für die Sie verantwortlich sind, zu bewältigen.

Es gibt weniger Rückschläge, weil Sie sie eher kommen sehen. Schließlich ist Ihre Aufmerksamkeit an der richtigen Stelle. Aber selbst wenn es zu Rückschlägen kommt, haben Sie sich bereits angewöhnt, auf Ihr Ziel zuzusteuern, sodass es Ihnen nichts ausmacht, einen Gang zurückzuschalten, nachdem Sie angehalten haben, um ein Hindernis zu überwinden. Sie wissen, dass Sie die niedrigeren Gänge einlegen müssen, bevor Sie die höheren Gänge einlegen und sich Ihren Wünschen und Bedürfnissen nähern können.

Ein Trick, der es leichter macht, sich zu engagieren, ist die Einbindung von Mikrozielen in Ihren größeren Plan. Die täglichen Aufgabenlisten und Produktionsziele sind Werkzeuge, die Sie verwenden, um kleinere Schritte zu tun, die für die Erledigung wichtigerer Dinge notwendig sind. Legen Sie die Mikroziele so an, dass sie zu den größeren Zielen führen. Setzen Sie sich also keine täglichen Ziele, ohne Ihre Gesamtziele im Blick zu haben. Andernfalls kann es leicht passieren, dass Sie sich für Dinge begeistern, die zu nichts führen, oder Sie Ihre Energie mit Begeisterung für Dinge einsetzen, die Sie nicht weiterbringen.

Eine letzte Fähigkeit, die für das praktische Engagement wichtig ist, ist die Fähigkeit, Prioritäten zu setzen. Um Prioritäten zu setzen, müssen Sie sich die Hierarchie der Aufgaben und Maßnahmen in Bezug auf ihre Wichtigkeit vergegenwärtigen. Wenn Sie Ihre ganze Aufmerksamkeit auf Dinge richten, die auf der Prioritätenskala ganz unten stehen, aus welchem Grund auch immer (sei es, dass Sie sich auf Ihr Hobby konzentrieren oder Angst haben, sich mit etwas Wichtigerem zu befassen), dann werden die wesentlichen Dinge immer mehr zu einem Problem werden. Bestätigen Sie sich selbst die wichtigsten Prioritäten und den Nutzen, den sie Ihnen bringen, und verlieren Sie sie nicht aus den Augen.

Herausforderung (Challenge)

Wenn man Probleme als Herausforderungen ansieht, macht das Leben mehr Spaß. Es trägt auch zur mentalen Stärke bei, da der Wunsch, sich anzustrengen, größer ist, wenn man eine Herausforderung löst, vor die Sie das Leben gestellt hat. Der Drang, sein Bestes zu geben, veranlasst Sie dazu, auf höchstem Niveau zu arbeiten. Sehen Sie die Herausforderung als eine Gelegenheit, Ihre Fähigkeiten unter Beweis zu stellen. Sie können aus der Bewältigung einer Herausforderung etwas gewinnen, und sei es nur den persönlichen Stolz, etwas Schwieriges geschafft zu haben, das andere Ihnen nicht zugetraut haben.

Veränderungen und Abwechslung sind auch Gelegenheiten, die eigene mentale Stärke zu erweitern und einzusetzen. Die Veränderungen, mit denen Sie konfrontiert werden, sind Herausforderungen, an denen andere vielleicht scheitern, wenn sie damit konfrontiert werden. Wir sehen das immer wieder bei Menschen, die nach dem Eintritt in den Ruhestand so weiterleben wollen wie bisher, oder bei privilegierten Menschen, die andere ausschließen wollen, weil es zu kompliziert erscheint, Veränderungen und Vielfalt zuzulassen.

Aber dann gibt es Leute wie König Charles III. von England, der über enorme Privilegien verfügt und alle Gründe der Welt hat, Veränderungen zu verhindern. Dennoch setzt er sich für die Modernisierung und Anpassung der englischen Monarchie an die heutige Zeit ein. Er gründete den *„Prince's Trust"*, um junge Menschen bei der Ergreifung von Arbeitsmöglichkeiten, Ausbildung und Bildung zu unterstützen (insbesondere diejenigen, die sonst von diesen Möglichkeiten ausgeschlossen sind). Er hat den Wandel als Chance genutzt, um das Leben vieler Menschen zu verbessern, auch wenn andere in seiner Familie oder in seinem Umfeld dies als Bedrohung empfunden haben könnten.

Wenn Sie Herausforderungen nutzen, um Ihre mentale Stärke zu steigern, werden Sie beweglicher und anpassungsfähiger. Die Angst vor dem Scheitern spielt bei Ihren Entscheidungen und Handlungen eine untergeordnete Rolle, während das Streben nach Erfolg eine wichtigere Rolle spielt. Nutzen Sie Ihre Widrigkeiten als Chance, sich anzupassen, agil zu sein und zu gewinnen. Das Leben ist oft ungerecht, doch wenn Sie sich selbst bemitleiden und befürchten, dass Sie noch mehr Ungerechtigkeiten ausgesetzt sind, werden Sie sich zurückhalten. Selbst wenn Sie in Schwierigkeiten geraten, werden Sie die Ungerechtigkeit um Sie herum nur überwinden, wenn Sie sich der Herausforderung stellen und selbst Veränderungen herbeiführen.

Selbstvertrauen (Confidence)

Selbstvertrauen, eine Eigenschaft, die man entwickeln kann, ist ein wesentlicher Bestandteil der mentalen Stärke. Diese Eigenschaft besteht darin, dass man an sich selbst und seine Fähigkeiten glaubt, das zu tun, was man sich vorgenommen hat. Wenn Sie Selbstvertrauen haben, werden Sie produktiver sein, weil Sie weniger mit sich selbst und mehr mit Ihrer Arbeit beschäftigt sind. Das Maß an Produktivität, das Sie erreichen, und die Frage, für wie fähig Sie sich halten, spielen eine große Rolle für Ihr Selbstvertrauen. Je mehr Sie leisten können, desto mehr Grund zur Selbstachtung und zur Gewissheit, dass Sie in der Lage sind, Ergebnisse zu erzielen, haben Sie. Lernen, Ausbildung und Fortbildung sind wertvolle Beiträge zum Selbstvertrauen.

Ihre Fähigkeit, andere zu beeinflussen, hängt weitgehend davon ab, wie selbstbewusst Sie sind. Um andere anzusprechen, brauchen Sie genügend Selbstvertrauen, um direkt mit ihnen zu kommunizieren. Wenn Sie Ihre Gefühle, Gedanken und Erfahrungen nutzen, um andere zu inspirieren, zu beeinflussen und zu prägen, brauchen Sie Sicherheit. Sie wären nicht in der Lage, sich zu öffnen, wenn Sie zu sehr damit beschäftigt sind, wie andere Sie wahrnehmen, und Ihnen das Selbstvertrauen fehlt, sich selbst ungefiltert mitzuteilen. Um dieses Selbstvertrauen zu haben, müssen Sie Ihre Entschlossenheit stärken, um mit Dingen umzugehen, die auf Sie zukommen, wie zum Beispiel Meinungen, Erwartungen oder gegenteilige Ansichten. Auch wenn die Leute es nicht offen zugeben, werden sie Sie respektieren.

Selbstvertrauen ist eine Voraussetzung für Erfolg. Es ermöglicht Ihnen, Rückschläge zu verkraften, wenn sie auf Sie zukommen, und wieder aufzustehen. Eine Situation kann chaotisch sein, und andere mit ähnlichen Fähigkeiten sind vielleicht nicht bereit, zu versuchen, das Chaos in Erfolg umzuwandeln. Wenn Sie jedoch genug Selbstvertrauen haben, werden Sie sich direkt in das Chaos stürzen und die Veränderung herbeiführen, zu der andere nicht bereit waren. Um dieses Selbstvertrauen zu entwickeln, hilft es, sich Ihren Erfolg bildhaft vorzustellen, sich darin zu üben, mehr Autonomie in Ihren täglichen Handlungen zu übernehmen (um selbstständig zu werden), und bereit zu sein, Fehler zu machen und aus ihnen zu lernen.

Kapitel 11
Mentale Konditionierung

Die Disziplinierung Ihres Geistes, damit Sie Ihre Ziele besser erreichen können, ist das, worum es bei der mentalen Konditionierung geht. Sie erfordert die Hingabe an Ihre Träume, denn sie liefern die Energie, die Sie brauchen, um weiterzumachen, wenn es schwierig wird. Mentale Konditionierung erfordert kontinuierliche Anstrengungen, damit die Gewohnheiten, die Sie sich aneignen wollen, auch wirklich greifen. Ihr Geist wird härter, wenn Sie sich langfristig verpflichten, Ihr Gehirn so zu konditionieren, dass es robust ist und die alten neuronalen Bahnen vermeidet, die zu Faulheit oder anderen unerwünschten Zuständen führen.

Körperliche Betätigung ist ein hervorragendes Mittel, um Ihren Geist zu konditionieren. Sie setzen sich selbst schwierigen Situationen aus, die Sie ermüden, und überzeugen sich selbst davon, dass es einen Nutzen hat, weiterzumachen. Außerdem baut die Bewegung Stress ab und hilft Ihnen, sich zu beruhigen. Meditation und Achtsamkeitsübungen sind weitere Möglichkeiten, Ihren Geist zu konditionieren. Beide lehren Sie, Ihr Denken zu verlangsamen, indem Sie Ablenkungen herausfiltern und sich der Priorität des Augenblicks bewusst bleiben. Auch die Visualisierung hilft, weil Sie Ihrem Geist immer wieder vor Augen führt, was Ihr Ziel ist und wie Sie es erreichen wollen, während Sie gleichzeitig irrelevante Dinge ausblenden.

Mentale Konditionierung und Ihre innere Stärke

Die Konditionierung Ihres Geistes bringt Ihre innere Stärke zum Vorschein. Der Prozess zeigt Ihnen, dass Sie gefordert sind und Ihr Geist mit dem richtigen Input und der richtigen Übung über robuste Fähigkeiten verfügt. Mit gestärkten geistigen Fähigkeiten ist es viel einfacher, angesichts von Gefahren oder Widerständen positiv zu bleiben. Die Umstände haben keinen großen Einfluss auf Sie, denn Sie sind robust genug, um sie zu ertragen und darin zu gedeihen. Außerdem können Sie durch die Konditionierung Ihres Geistes auch dann weitermachen, wenn Sie keine Motivation haben.

All diese Bücher über die Suche nach Motivation haben durchaus ihre Berechtigung. Doch manchmal gibt es keine Motivation für etwas – egal, wie sehr Sie sich bemühen. Bei der Konditionierung verlassen Sie sich mehr auf Ihre Strategie und die Gewohnheiten, die Sie in sich selbst verankert haben. So können Sie auch ohne Motivation das bekommen, was Sie brauchen.

Nehmen wir das Beispiel eines Unternehmers. Er hat die Vision, ein Unternehmen für den Verkauf von Wasserfiltern zu gründen. Er will das erfolgreichste Wasserfiltergeschäft in seiner Stadt aufbauen und einen großen Gewinn erzielen. Im Laufe der Jahre kommt er vielleicht nicht so schnell voran, wie er es sich wünscht. Das ganze Unterfangen fühlt sich mühselig an, aber mit mentaler Konditionierung schafft er es, jeden Tag weiterzuarbeiten und Verkäufe zu tätigen, egal wie demotiviert er sich fühlt. Er setzt ein Lächeln auf und erklärt Kunden die Vorteile seiner Geräte.

Schließlich zahlt sich seine jahrelange Arbeit durch die Gründung eines Joint Ventures oder einer Partnerschaft aus. Die Finanzspritze eröffnet neue Möglichkeiten, und das Unternehmen expandiert über seine kühnsten Träume hinaus. Einige Jahre später verkauft er seinen Anteil an dem Unternehmen und hat mehr als genug Geld, um sich zur Ruhe zu setzen. Ohne mentale Konditionierung hätte sich dieser ganze Prozess als sinnlos erwiesen.

Der einfachste Weg, sich zu konditionieren, sind Aktivitäten und Übungen, die Sie vor Herausforderungen stellen. Der Einsatz von Ausdauer bei diesen Herausforderungen trainiert Ihren Geist, trotz der Kräfte, die gegen Sie wirken, weiterzumachen. Es ist unvermeidlich, dass Sie gestärkt aus diesen Herausforderungen hervorgehen, da Ihr Gehirn nun besser mit Schwierigkeiten umgehen kann. Es bestätigt Ihre Fähigkeit, Schwierigkeiten durch erfolgreiche Bewältigung zu überwinden. Die Übungen, die Sie machen, um sich Situationen auszusetzen, die nicht einfach sind, können real oder imaginär sein. Imaginäre Situationen trainieren Ihren Verstand immer noch, da Sie lernen, Probleme zu lösen und trotz Schwierigkeiten durchzuhalten – nutzen Sie dazu Visualisierungstechniken.

Mentale Konditionierung ist ein hervorragendes Mittel zur Verbesserung der Selbstbeherrschung und der Fähigkeit, den eigenen Gefühlsausdruck zu beherrschen. Manchmal ist es ein besserer Beweis für mentale Stärke, sich nicht zu äußern, als sich in der Hitze des Gefechts zu äußern. Höflich zu reagieren, wenn man persönlich angegriffen wird, oder ein konzentriertes Gesicht zu bewahren, wenn man von der körperlichen Anstrengung gegen den Gegner auf dem Spielfeld müde ist, sind Beispiele für mentale Stärke.

Es zeigt, dass Sie sich Ihrer selbst bewusst sind und gesunde Bewältigungsmechanismen einsetzen, um Ihre Reaktionen zu beherrschen und Ihre Gefühle vernünftig zu äußern. Sie können und sollten Ihre Gefühle immer noch zum Ausdruck bringen, aber tun Sie dies in einem angemessenen Format und mit praktischen Mitteln. Es ist viel nachhaltiger, eine formelle Beschwerde über jemanden einzureichen und dabei eine höfliche Sprache zu verwenden, als auszurasten und sich selbst zum Narren zu machen.

Zu lernen, sich in hitzigen Situationen zu beruhigen, ist Teil der mentalen Konditionierung, insbesondere in zwischenmenschlichen Beziehungen. Die Anwendung von Atemtechniken zur Beruhigung von Geist und Körper ist praktisch, um den stärksten Drang zu einem Gefühlsausbruch zu unterdrücken. Um Situationen effektiv zu bewältigen, indem Sie Ihren Geist darauf konditionieren, auf eine kontrollierte Art und Weise zu reagieren, müssen Sie einen Schritt von der herausfordernden Situation zurücktreten, sie untersuchen (einschließlich des Kontextes), herausfinden, wo die Ursache(n) des Problems liegen, und einen Plan ausarbeiten, um diese Ursachen im Einklang mit Ihren Werten zu überwinden. Dies schont Ihre Energie und führt zu innovativeren Lösungen, die effektiver sind (weil sie gut durchdacht sind).

Das Gespräch mit einer anderen Person ist eine hervorragende Möglichkeit, um zu verarbeiten, was in Ihrem Kopf vorgeht. Wenn Sie jemanden finden, dem Sie vertrauen, können Sie durch das Gespräch Ihre Situation besser einschätzen und Lösungen entwickeln. Es hilft auch, den Strudel der Gedanken und Emotionen abzuschütteln, sodass es Ihnen leichterfällt, sich auf die Gegenwart zu besinnen. In diesen Gesprächen kann es gesund sein, Fehler zuzugeben und herauszuarbeiten, wo Ihre Unzulänglichkeiten lagen. Wenn Sie das tun, können Sie an Ihren Fehlern wachsen, weil Sie sich Ihre Fehler eingestehen. Es zeugt auch von Mut, weil Sie Ihr Ego beiseitegeschoben haben, um in einer schwierigen Situation ehrlich zu sein.

Auch Übungen zur Aufmerksamkeitskontrolle sind hilfreich. Wenn Sie sich mit mehreren Sinnen bewusst machen, was um Sie herum geschieht, können Sie Ihren Geist in die Gegenwart lenken. Je mehr Aufmerksamkeit Sie in der Gegenwart haben, desto besser können Sie Ihre Gedanken auf Ihr Ziel und Ihre Aufgaben lenken. Sie werden sich der Dinge bewusster, die ein Problem verursachen könnten, und können sich besser darauf vorbereiten. Ihr Verstand wird so darauf konditioniert, weitgehend in der Gegenwart zu bleiben, auf mögliche Probleme zu achten und einige Lösungen zu finden, um das Problem frontal anzugehen. Die Ausdauer Ihres Geistes wird durch all dies ebenfalls höher sein.

Erregung ist eine weitere Sache, die Sie fest im Griff haben müssen, wenn Sie Ihren Geist darauf konditionieren, stabiler zu werden. Erregung bezieht sich auf etwas, das Ihren Verstand unterhält und beschäftigt. Wenn sich Ihr Verstand an ein hohes Erregungsniveau gewöhnt hat, wird es schwierig, sich zu konzentrieren oder über einen längeren Zeitraum die Ruhe zu bewahren. Sie haben sich daran gewöhnt, sich zurückzulehnen und zu entspannen, während Ihre geistigen Fähigkeiten hyperstimuliert werden. Mit progressiver Muskelentspannung, Visualisierung und Achtsamkeit lässt sich die Erregung auf ein leicht zu kontrollierendes Niveau senken. Auf diese Weise haben Sie nicht so wenig Erregung, dass Sie völlig desinteressiert sind. Aber Sie sind auch nicht so erregt, dass Sie sich auf nichts mehr konzentrieren können. Ein gesunder Mittelweg ist das Beste.

Resilienz

Resilienztraining kann Ihnen helfen, mentale Konditionierung besser zu integrieren. Die Eigenschaft der Resilienz ermöglicht es Ihnen, die Bedingungen in Ihrem Leben zu ändern, egal, ob es sich um komplizierte oder unkomplizierte Situationen handelt. Das Wissen um Ihre Stressauslöser ist eine hervorragende Möglichkeit, Ihre Widerstandsfähigkeit zu verbessern. Die Präsenz von Reizen in Ihrem Leben wird von der Geburt bis zum Tod andauern. Wenn Sie wissen, welche Reize Sie am häufigsten oder am stärksten triggern, können Sie erkennen, welche Bereiche Ihres Lebens Sie am meisten in Ordnung bringen müssen. Durch die Anwendung von Bewältigungsmechanismen und die direkte Konfrontation mit den Triggern werden Sie in die Lage versetzt, von den Reizen unbeeinflusst zu bleiben. Sie werden sich allmählich besser fühlen und mehr Vertrauen in Ihre mentale Stärke gewinnen.

Das Resilienztraining lehrt Sie, ein Gleichgewicht zwischen Aggression und Passivität zu finden. Passiv sein kann in manchen Situationen gut sein, aber nur manchmal. Aggressives Verhalten ist wertvoll, wenn Sie es kontrollieren können, aber ebenfalls nur manchmal nützlich. Das flexible Gleichgewicht zwischen diesen beiden Zuständen wird erreicht, indem man sich seiner selbst bewusst wird und seine Emotionen, seine Reaktion auf Stress und seine Problemlösungsfähigkeiten steuert. Der Prozess des Trainings der eigenen Widerstandsfähigkeit beginnt damit, dass man seine Komfortzone herausfindet und sie dann schrittweise ausbaut. Wenn man versucht, alles auf einmal zu bewältigen, verzweifelt man oder fühlt sich unfähig. Die Arbeit an einer kontinuierlichen Veränderung führt jedoch zu einer allmählichen, angenehmen Erweiterung und schafft Vertrauen.

Zu einem umfassenden Resilienztraining gehört nicht nur die Bewältigung von Herausforderungen, sondern auch ein bewussterer Umgang mit der eigenen Gesundheit (sowohl geistig als auch körperlich). Die Stressfaktoren, denen Sie ausgesetzt sind, wirken sich auf Ihren Körper aus und erfordern Selbstfürsorge, um sich davon zu erholen. Auch der Geist wird durch Erschöpfung, negative Emotionen und schwer zu lösende Probleme auf ein niedrigeres Niveau gebracht. Die Aufarbeitung von Traumata ist ein wesentlicher Bestandteil der Verbesserung Ihrer Widerstandsfähigkeit, denn wenn Sie die Dinge, die Sie am meisten belasten, hinter sich lassen, können Sie sich in Zukunft leichter erholen, wenn es Ihnen schlechtgeht – Sie werden nicht jedes Mal in ein unbewältigtes Trauma hineingezogen. Dauerhafte Erfolge sind das Ergebnis des Umgangs mit dem ganzen Selbst.

Die Art und Weise, wie Sie Resilienztraining durchführen, besteht darin, etwas zu tun, das Sie als Herausforderung empfinden. Eine Herausforderung kann alles sein, vom Erlernen eines neuen Fachs bis zur Vorbereitung auf einen Marathon. Diese Aufgaben sind Herausforderungen, die von Ihnen verlangen, sich Ziele zu setzen, Fähigkeiten zu erwerben und entschlossen zu handeln. Bei der Suche nach Lösungen lernen Sie etwas über sich selbst. Sie entwickeln ein positives Selbstbild, wenn Sie sehen, dass Sie fähig sind, Probleme zu lösen. Sie lernen, dass Veränderungen Teil des Lebens sind und Sie sie als Chance nutzen können, anstatt sie als Katastrophe zu erleben.

Einige Praktiken, die Sie zusätzlich zum Resilienztraining anwenden können, um Ihre Resilienz zu verbessern, sind Meditation, Tagebuchführung, spirituelle oder philosophische Betrachtungen über die Veränderung, die Sie in der Welt bewirken wollen, und Dankbarkeit gegenüber sich selbst und anderen. Das Wissen, dass man etwas tun kann, das die Welt verbessert, ist erhebend und gibt einen tieferen Antrieb als viele andere Dinge.

Ein letzter Punkt, den Sie tun können, auch wenn es sich nicht um eine Übung oder Aktivität handelt, ist der Aufbau von Beziehungen zu anderen Menschen. Sie können Ihnen neue Perspektiven auf die Welt und die Herausforderungen, vor denen Sie stehen, vermitteln. Sie können Ihnen auch ein Beispiel dafür geben, wie ihre Bemühungen und harte Arbeit ihnen geholfen haben. Diese sinnvollen Verbindungen können sich positiv auf Ihre Widerstandsfähigkeit und mentale Stärke auswirken.

Mentale Flexibilität

Mentale Flexibilität ist notwendig, um mit all den Veränderungen und Herausforderungen zurechtzukommen, mit denen Sie täglich konfrontiert werden. Um sich anzupassen und zu verändern, müssen Sie flexibel sein und mit Variablen denken. Bleiben Sie ganz in der Gegenwart und meistern Sie Ihre Herausforderungen, indem Sie sich an ihre zentralen Werte halten. Die Fähigkeit, sich von unwichtigen Dingen oder Dingen, die nichts mit dem aktuellen

Problem zu tun haben, zu lösen, ist entscheidend für eine überzeugende mentale Flexibilität. Umgekehrt ist es für die mentale Flexibilität ebenso wichtig, sich mit mehreren Prioritäten gleichzeitig zu beschäftigen und dabei den größten Teil Ihrer Bemühungen und Aufmerksamkeit der aktuellen Kernaufgabe zu widmen. Auf diese Weise schaffen Sie ständig neue synaptische Verbindungen, nutzen die neuronale Plastizität und stärken Ihr Gehirn.

Infolgedessen sollten Sie in der Lage sein, schneller zu lernen als früher, weil Sie sich neue Inhalte und Perspektiven ohne Probleme vorstellen können. Auch die Lösungen, die Sie für Probleme finden, werden Ihnen schnell einfallen und in der Regel kreativer sein als die anderer Menschen, die mental nicht so flexibel sind. Was Sie von Ihren Konkurrenten unterscheidet, ist, dass Sie nicht in Ihren Gewohnheiten feststecken und neue Technologien, Entwicklungen und Kompetenzen einbeziehen können.

Um einen flexiblen Verstand zu entwickeln, können Sie beispielsweise Ihren Tagesablauf ändern oder neue Menschen kennenlernen. Wenn Sie von den Menschen, die Sie treffen, unterschiedliche moralische Perspektiven erhalten, kann dies zu kritischem Denken und interkulturellem Verständnis beitragen. Die Auseinandersetzung mit anderen Moralsystemen trägt zu einer gesünderen Interaktion und einem flexibleren sozialen Aspekt bei, während die Kernmoral und -ethik, nach der Sie leben, durch eine gesunde Debatte oder einen gesunden Austausch bestätigt wird. Außerdem können neue Erfahrungen oft ebenso aufschlussreich sein wie neue Menschen. Neue Erfahrungen verbessern das Verständnis für die Welt und die Menschen, die in ihr leben, und setzen gleichzeitig Dopamin frei, was zu einer besseren Gedächtnisleistung und Lernmotivation führt.

Während Sie neue Perspektiven gewinnen, sollten Sie divergentes Denken ausprobieren, um die Kreativität bei der Lösung Ihrer Probleme zu steigern. Divergentes Denken bedeutet, dass Sie schnell so viele Ideen wie möglich entwickeln, auch wenn sie nicht miteinander verbunden sind. Einige der Konzepte sind vielleicht nicht umsetzbar, andere hingegen schon. Wenn Sie jedoch die starren Schranken in Ihrem Kopf überwinden, können Sie in Zukunft besser über den Tellerrand schauen. Als Anmerkung: Suchen Sie nicht immer nach einer einfachen Lösung. Manchmal gibt es kompliziertere Lösungen, deren Ergebnisse jedoch dauerhafter sind und einen höheren Grad an Positivität aufweisen. Wenn Sie die Barrieren in Ihrem Kopf auf gesunde Weise abbauen, können Sie auch Verbindungen zwischen verschiedenen Bereichen Ihres vorhandenen Wissens herstellen, die Sie früher vielleicht nicht bemerkt hätten.

Kapitel 12

Wie man mentale Stärke aufbaut

In diesem Kapitel werden die vier wichtigsten Dinge erläutert, die Sie tun können, um mentale Stärke zu entwickeln. Sie zeigen Ihnen, wie Sie Herausforderungen als Chancen sehen und sie flexibel angehen können.

Sich mit Ihrem „Warum" verbinden

Ihr *„Warum"* ist eine zutiefst persönliche Angelegenheit, die Sie kennen müssen, bevor Sie eine richtige Richtung einschlagen können. Es ist das, was sicherstellt, dass die Arbeit, die Sie tun, von Bedeutung ist und die Ziele, die Sie haben, miteinander verbunden sind. Es ist das, was Sie erreichen, sein oder tun wollen, was Sie dazu bringt, morgens aufzustehen. Vielleicht wissen Sie schon, was es ist, und wenn nicht, kann es Jahre dauern, bis Sie es herausfinden. Eine Möglichkeit, es schneller zu erkennen, besteht darin, sich Ziele zu setzen, die langfristig angelegt sind. Durch diese Ziele entwickeln Sie ein Gefühl der Zielstrebigkeit und eine zukunftsorientierte Lebensperspektive. Pläne helfen Ihnen, etwas zu erreichen, und es macht Spaß, herauszufinden, wie Sie Ihr Ziel erreichen können.

Sie werden viele Schritte unternehmen müssen, um Ihre Ziele im Leben zu erreichen. Das könnte Ihnen viel Anstrengung abverlangen. Das Wissen um Ihre Werte ist ein wesentlicher Faktor, um die zugrundeliegenden Aufgaben auf dem Weg zu Ihren Zielen zu bewältigen. Wenn Sie Ihre Ziele und Werte kennen, können Sie schnell und sicher Entscheidungen treffen. Sie definieren auch, wer Sie sind und was Sie erreichen wollen. Da Werte Ihre zentrale Persönlichkeit klären, machen sie Sie in Ihrer täglichen Arbeit flexibel, da Sie kaum Unsicherheiten haben, welche Handlungen für Sie richtig sind – auch in Situationen, mit denen Sie noch nie konfrontiert waren.

Obwohl dies ein extremes Beispiel ist, sind Patienten, die eine unheilbare Krankheit überwunden haben, eine der besten Verkörperungen dieser Tatsache. Der Prozess, den sie durchlaufen haben, war emotional, geistig und körperlich anstrengend. Ein Krebspatient, der sich einer Bestrahlung unterzieht, hat jeden Tag mit immensen Schwierigkeiten zu kämpfen. Während dieser Zeit setzen viele Patienten neue Prioritäten, was und wer ihnen wichtig ist. Sie klären ihre Werte und bestimmen, was sie vom Leben erwarten. Diejenigen, die das Glück haben, die Krankheit zu überwinden, haben aufgrund der Selbstprüfung, die sie durchlaufen haben, oft ein sehr starkes Gefühl für ihre persönliche Identität. Danach können sie Entscheidungen schnell treffen und wissen, welche Handlungen mit ihren Werten übereinstimmen und was sie vom Leben erwarten.

Das Gleiche gilt für Situationen, die mit viel Druck verbunden sind. In solchen Situationen müssen Sie vielleicht schnelle Entscheidungen auf der Grundlage von wenigen Informationen treffen, aber mit Ihren Leitwerten werden Sie erkennen, welche Entscheidungen nicht infrage kommen und zu welchen Sie grob stehen sollten. So tragen Werte und Ziele dazu bei, Ihr *„Warum"* im Leben zu bestimmen – Werte geben Ihnen eine Identität und einen Weg, dem Sie täglich folgen, und Träume bieten eine langfristige Perspektive.

Wenn man weiß, was einem wichtig ist, kann man sein „*Warum*" besser bestimmen. Josephine Perry (2021) schlägt vor, die Galerie Ihres Telefons durchzusehen und zu prüfen, welche Bilder Sie aufgenommen und heruntergeladen haben, um zu sehen, ob es zentrale Themen gibt. Diese Hauptthemen deuten auf tiefere Bedeutungen hin, die Sie nutzen können, um Ihr „*Warum*" zu erkennen.

Selbst einschränkende Glaubenssätze loslassen

Die Person, die Sie am besten kennt, sind oft Sie selbst. Sie wissen, was Sie gut können und wo Sie Defizite haben. Oft konzentrieren sich Menschen auf ihre Schwächen und verlieren aus den Augen, wo sie glänzen. Manchmal sagen sie Dinge wie „*Ich bin dumm*", „*Ich bin so ungeschickt*" oder „*Das bin einfach ich*" mit negativen Konnotationen, um ein Lachen hervorzurufen oder sich sympathischer zu machen. Dies trägt nicht dazu bei, Selbstvertrauen aufzubauen und in dieser Welt etwas zu erreichen. Anstatt Ihre Grenzen zu betonen, sollten Sie sie anerkennen und sich auf Ihre Fähigkeiten konzentrieren.

Das Leben ist für jeden mit viel Stress verbunden. Es gibt Probleme, Nöte, Rückschläge und eine ganze Reihe anderer Dinge, die wir nicht erleben wollen. Oft sind die negativen Dinge, die Menschen durchmachen, ungerecht, und sie können nicht anders, als sich überfordert zu fühlen oder das Gefühl zu haben, dass sie etwas falsch gemacht haben. Wenn Sie solche Gedanken haben, lassen Sie sich nicht in die Spirale der Bestätigung dieser Gedanken hineinziehen. Erkennen Sie diese Gedanken an und ändern Sie dann die Art und Weise, wie Sie denken. Erweitern Sie Ihr Gefühlsvokabular, sodass Sie die mit diesen Gedanken verbundenen Gefühle genau beschreiben können, und verwenden Sie diese Gefühlsbezeichnungen, um sich von den negativen Gefühlen zu lösen und sie zu objektivieren.

Fangen Sie an, das Gesamtbild zu betrachten, in dem Sie erkennen, dass einzelne Gedanken und Ereignisse Sie zu Fall bringen können, aber dass es viel Raum gibt, um wieder aufzustehen und trotz des Scheiterns erfolgreich zu sein. Haben Sie keine Angst vor Versagen oder vermeintlicher Unzulänglichkeit; konzentrieren Sie sich stattdessen auf das, was Sie mit den Eigenschaften, die Sie haben, erreichen können. Lernen Sie, wie Sie Taktiken anwenden können, um stärker zu sein und Ihre Probleme besser zu lösen. Indem Sie Ihre Probleme lösen, gewinnen Sie das Selbstvertrauen zurück, das Sie brauchen, um ein gesundes Selbstbild zu entwickeln. Sie haben viel mehr Kontrolle über den Verlauf Ihres Lebens als andere Menschen. Es mag einige geben, die viel Einfluss auf das nehmen können, was aus Ihnen wird, aber Sie sind immer noch die Hauptperson in Ihrer Geschichte. Erkennen Sie, wie Sie Ihre Entscheidungen, Ihre Positivität und Ihre Persönlichkeit kontrollieren können, um die Beschränkungen, die Sie sich selbst auferlegt haben, zu beseitigen und sich selbst zu verbessern.

Überwindung von Selbstzweifeln und negativen Selbstgesprächen

Das Reframing negativer Gedanken bringt eine enorme Erleichterung und trägt zur mentalen Stärke bei. Isolieren Sie die Gedanken in Ihrem Kopf, die Selbstzweifel hervorrufen oder Sie niederdrücken. Schreiben Sie sie auf und stellen Sie sich vor, dass sie jetzt auf dem Papier und nicht in Ihrem Kopf sind. Gehen Sie jeden Gedanken durch und überlegen Sie, wie Sie ihn so umformulieren können, dass er Sie ermutigt oder eine positive Wirkung hat. Ein Gedanke wie *„Es fällt mir schwer, mit Leuten zu reden"* kann in *„Ich hatte Schwierigkeiten, mit Michael zu reden, weil ich weiß, wie wichtig es ist, gut wahrgenommen zu werden"* umgewandelt werden.

Ein anderer Ansatz besteht darin, sich vorzustellen, dass diese Gedanken mit lustigen Stimmen oder von komischen Figuren ausgesprochen werden. Wenn Sie Humor in die Situation einbringen, werden die Gedanken weniger schwerwiegend, was wiederum dazu beiträgt, Sie aus dem Sumpf zu befreien, den sie in Ihrem Kopf verursacht haben. Alternativ können Sie die Gedanken auch in der dritten Person formulieren. Wenn Sie *„Ich bin hässlich"* gedacht haben, dann können Sie es ändern in: *„[Ihr Name] hatte den Gedanken, dass er hässlich ist."* Mit dieser Formulierung erkennen Sie an, dass es nur ein Gedanke war und nichts weiter, und Sie können sich im gleichen Atemzug von der Aussage distanzieren.

Wenn Sie in einer stressigen Situation etwas Selbstironisches sagen, sollten Sie bedenken, dass eine Person, die unter großem Druck steht, oft übertreibt. Das klassische Beispiel ist der Vertriebsleiter, der seinen Mitarbeitern sagt, sie seien nutzlos und verdienen ihr Gehalt nicht, wenn sein Job wegen unzureichender Leistungen in der Abteilung auf dem Spiel steht. Diese Aussage könnte sehr weit von der Wahrheit entfernt sein. Dennoch sitzt der Mitarbeiter mit dieser übertriebenen Aussage da, die all die Ziele, die er erreicht hat, und die zusätzliche Arbeit, die er über seine eigentliche Aufgabe hinaus geleistet hat, ausblendet. Das Gleiche gilt für Dinge, die man sich selbst unter Druck sagt – sie sind oft übertrieben.

Lösungsorientiertes Denken ist das Mittel, wenn Sie ängstliche und bedrückende Gedanken haben. Sie lassen Sie über die Vermeidung hinausgehen und bringen Ihren Verstand dazu, die Situation zu bewältigen. So haben Sie das Gefühl, dass Sie das Problem verändern können, was Sie als Person stärkt. Wenn Sie sich auf die Bewältigung des Stresses konzentrieren und nicht auf die Gefühle, die Sie aufgrund des Drucks durchleben, werden Sie Ergebnisse erzielen und schädliche Denkmechanismen überwinden.

Visualisierung

Die Visualisierung ist selbst ermächtigend und in mehreren Säulen dieses Buches förderlich. Nirgendwo wird dies deutlicher als beim Aufbau mentaler Stärke. Die Herangehensweise ist jedoch völlig anders als bei der Anwendung der Übung in anderen Säulen. Wenn Sie visualisieren, um mental stärker zu werden, müssen Sie sich vorstellen, wie Sie sich in schwierigen Situationen befinden. Die Bedingungen sollten vorzugsweise den Schwierigkeiten entsprechen, mit denen Sie konfrontiert sind oder konfrontiert sein werden, während Sie Ihre Ziele anstreben, damit die Übung so angemessen wie möglich ist.

Wenn Sie die Situation gut genug visualisiert haben, mit allen Wahrnehmungen, die Ihnen dazu einfallen, erarbeiten Sie verschiedene Ansätze, um die Situation zu überwinden. Auf diese Weise entstehen Lösungen, Wege zum Weiterkommen und die Zuversicht, der Situation zu entkommen. Wenn Sie im wirklichen Leben mit einem Problem konfrontiert werden, werden Sie viel besser vorbereitet sein, weil Sie es sich bereits ausgemalt haben und über eine Reihe von Strategien verfügen, um es zu überwinden. Achten Sie bei der Visualisierung darauf, dass Sie sich auch Ihren Erfolg vorstellen, zusammen mit den Empfindungen und Gefühlen, die Sie erfahren werden, wenn Sie die Herausforderung bewältigt haben. Das visualisierte Ziel gibt Ihnen ein Endziel für die Situation. Sie haben also etwas Unmittelbares, auf das Sie hinarbeiten können – die erfolgreiche Überwindung des Problems.

Es gibt noch andere Visualisierungstechniken, die Sie anwenden können, um Ihre mentale Stärke zu verbessern. Die Visualisierung von angenehmen Szenen hilft Ihnen, ruhig zu bleiben, wenn Sie vor einer schwierigen Aufgabe stehen. Eine weitere Visualisierungsmethode wurde von Josephine Perry (2021) vorgeschlagen. Sie empfiehlt, sich selbst als Busfahrer vorzustellen, der eine Straße zu einem Ziel in der Ferne entlangfährt. Die Fahrgäste im Bus sind die negativen Gedanken und Emotionen, mit denen Sie täglich konfrontiert werden, und die Straße ist die Wertvorstellung, von der Sie sich bei Ihrem Verhalten und Ihren Entscheidungen leiten lassen. Das Ziel in der Ferne ist das Ziel, auf das Sie hinarbeiten. Hören Sie auf das Geschwätz der Fahrgäste und nehmen Sie es zur Kenntnis, während Sie sich darauf konzentrieren, die Straße Ihrer Werte entlangzufahren. Diese Übung lehrt Sie, dass negative Gedanken und Gefühle zwar existieren, Sie sich aber nicht von ihnen ablenken lassen müssen, um Ihre Ziele zu erreichen. Wenn Sie die Übung oft genug durchführen, wird die mentale Stärke, die nötig ist, um sich nicht von dem Geschwätz unterkriegen zu lassen, Teil Ihres Charakters.

Nur wenn Sie häufig Visualisierungstechniken anwenden, können diese auch Wirkung zeigen. Sie verankern sich in Ihren Gewohnheiten und ermöglichen es Ihnen, trotz aller Widerstände stark zu bleiben.

Schlussfolgerung

Dieses Buch befasst sich mit tiefgreifenden Themen. Diese beziehen sich direkt auf Sie, Ihre Zukunft und Ihren Erfolg. Wenn Sie sich an die Säulen halten, werden sie Ihnen immense Kraft und die Fähigkeit verleihen, Ihre Träume leidenschaftlich zu verfolgen.

Die erste Säule, die wir behandelt haben, ist die Grundlage – die mentale Leistungsfähigkeit. Wir haben untersucht, was das ist und warum Sie eine gute mentale Leistungsfähigkeit bei Ihren täglichen Aktivitäten benötigen. Sie werden nur dann wirklich erfolgreich sein, wenn Sie über die bloße kognitive Bewältigung und Funktionalität hinausgehen und ein außergewöhnliches Maß an Effektivität entwickeln. Der Inhalt der folgenden vier Säulen zeigt, wie Sie die Leistung Ihres Verstandes ausbauen können, und gibt Ihnen Techniken an die Hand, mit denen Sie Ihr geistiges Potenzial steigern können.

Die zweite Säule zeigt, was Gedanken sind und warum es wichtig ist, mit den eigenen Gedanken in Kontakt zu kommen. Es werden mehrere Aspekte des Verstandes und des Denkprozesses untersucht, insbesondere die Auswirkungen kognitiver Verzerrungen und negativer Gedanken auf Ihren Erfolg. Auch die gegenseitige Beeinflussung von Gedanken und Emotionen wird untersucht, wobei sich zeigt, dass Ihr Denken Ihre Gefühle direkt beeinflusst. Wenn Sie Ihre Gedanken beherrschen und sich mit Ihren Emotionen auseinandersetzen, können Sie sie besser verarbeiten und Ihre Emotionen als Katalysator für Ihr Handeln nutzen.

Die dritte Säule betrifft Ihre Emotionen und die Frage, wie Sie Ihr Verhalten durch emotionale Agilität steuern können. Anhand der

Informationen aus der vorangegangenen Säule haben wir die Verbindung zwischen Ihren Emotionen und Ihrem „*Warum*" aufgezeigt. Ihre Werte und Ziele stehen in direkter Wechselwirkung mit Ihren Gefühlen und Gedanken – ein Wechselspiel, das Sie sich zunutze machen können. Dazu müssen Sie sich mit Ihrem emotionalen Selbst in Einklang bringen, indem Sie sich Ihrer selbst bewusst werden und lernen, Ihre Emotionen auf gesunde Weise auszudrücken; nur dann haben Sie die Kraft, Ihre Emotionen als flexibles Werkzeug zu nutzen, um Ihren Zielen näherzukommen.

In der vierten Säule haben wir den Unterschied zwischen einer statischen und einer dynamischen bzw. wachstumsorientierten Denkweise untersucht. Die Bedeutung einer wachstumsorientierten Denkweise wurde verdeutlicht – insbesondere im Hinblick auf die Auswirkungen auf Ihr Leben, wenn Sie erkannt haben, dass Sie jede Fähigkeit erwerben können. Sie können jede Ihrer Fähigkeiten verbessern. Die Macht der neuronalen Plastizität ist erst die Spitze des Eisberges der Erforschung. Doch die neuronale Plastizität hat bereits deutlich gemacht, welchen Einfluss Ihre Bemühungen um Wissen und Fähigkeiten haben können.

Die letzte Säule, die mentale Stärke, weist darauf hin, dass mentale Stärke mehr bedeutet, als mit Widerständen umgehen zu können. Dazu gehören auch Selbstfürsorge und die Erforschung der eigenen Gründe, Ziele und Werte. Sie werden motivierter sein, Hürden zu überwinden, wenn Sie etwas haben, auf das Sie hinarbeiten können. Wenn Sie über Werte, eine gewisse Widerstandsfähigkeit und ein Verständnis für den Prozess verfügen, dem Sie folgen müssen, werden Sie die Kraft haben, sich an die Arbeit zu machen und etwas erreichen, auch ohne Emotionen. Das Ergebnis des Erreichten wird Ihnen helfen, ein positives Gefühl des Vertrauens in sich selbst und Ihre Fähigkeiten zu gewinnen. Und die Bestätigung Ihrer Fähigkeiten wird Sie für zukünftige Herausforderungen stärken.

In diesem Buch haben Sie gesehen, wie Sie Ihre Leistungsfähigkeit als Individuum direkt beeinflussen können. Sie erhalten Lösungen und Beispiele, wie Sie sich selbst kontrollieren und Ihre Aufgaben besser erledigen können. Sie sind die Hauptfigur in Ihrer Geschichte, und es kommt darauf an, was Sie tun, um Ihr Wissen und Ihre Fähigkeiten zu verbessern.

Glossar

Analytisch: Mit der Qualität einer detaillierten Untersuchung.

Bauchgefühl: Ein instinktives Verständnis oder eine emotionale Reaktion auf etwas, das in der Regel unmittelbar unterhalb der Bewusstseinsebene stattfindet.

Begreifen: Etwas vollständig verstehen.

Bewältigen: Eine Situation oder ein Problem überwinden oder damit zurechtkommen.

Bewusstheit: Wissen über etwas, das geschehen ist, oder über etwas, das existiert.

Freude: Ein Gefühl des Vergnügens oder Erreichens des gewünschten Ergebnisses.

Grübeln: Wiederholtes, tiefes Nachdenken über ein bestimmtes Thema.

Introspektion: Sich selbst untersuchen, sei es emotional oder in Bezug auf die eigenen Gedanken.

Kognition: Verarbeitung von Informationen und Signalen, die zum logischen Denken genutzt werden können.

Moral: Verhaltensnormen, denen Sie in Bezug auf das, was richtig und falsch ist, folgen.

Reflexion: Tiefes Nachdenken über etwas.

Mental stark: Trotz Druck, Schwierigkeiten oder Schmerzen stabil oder intakt bleiben.

Stimuli: Dinge, die Sie in Ihrer Umgebung wahrnehmen.

Vorschnelle Urteile: Schnelles oder sofortiges Entscheiden.

Vorstellungskraft: Die geistige Fähigkeit, sich Dinge vorzustellen, die nicht vorhanden sind oder nicht existieren.

Werte: Die Normen oder Verhaltensweisen, die Sie als wichtig erachten.

Quellenangabe

Ackerman, C. E. (2019). What are positive and negative emotions and do we need both? (W. Smith, Ed.). *Positive Psychology.* https://positivepsychology.com/positive-negative-emotions/#both

Analytical. (n.d.). *Merriam Webster.* https://www.merriam-webster.com/dictionary/analytical

Anzilotti, A. W. (2019, February). *Dealing with stress in sports.* Nemours TeensHealth. https://kidshealth.org/en/teens/sports-pressure.html#:~:text=To%20keep%20stress%20levels%20down

Awareness. (n.d.). *Merriam Webster.* https://www.merriam-webster.com/dictionary/awareness

Bedsworth, J. (2022). How emotional agility can help you make decisions and reach your goals (M. Bapat, Ed.). *GoodRx.* https://www.goodrx.com/health-topic/mental-health/how-to-practice-emotional-agility

Boaler, J. (2013). Ability and mathematics: the mindset revolution that is reshaping education. *Forum*, 55(1), 143. https://doi.org/10.2304/forum.2013.55.1.143

Briggs, S. (2014). *30 ways to inspire divergent thinking.* InformED. https://www.opencolleges.edu.au/informed/features/divergent-thinking/

Burgess, L. (2017). Eight benefits of crying: Why it is good to shed a few tears (T. J. Legg, Ed.). *Medical News Today.* https://

www.medicalnewstoday.com/articles/319631#why-do-people-cry

Casablanca, S. S. (2021). 9 tips to change negative thinking (K. Gepp, Ed.). *Psych Central.* https://psychcentral.com/lib/fixing-cognitive-distortions#change-roles

Chadwick, J. (2020). Going on a 15-min "awe walk" each week and stopping to appreciate nature helps boost positive emotions and reduce stress, study shows. *Mail Online.* https://www.dailymail.co.uk/sciencetech/article-8756431/15-minute-awe-walks-nature-boost-emotional-being.html

Chapter 9: Remembering and judging. (2014). *In: Introduction to psychology: First Canadian edition.* BC Campus. https://opentextbc.ca/introductiontopsychology/chapter/8-1-memories-as-types-and-stages/

Cherry, K. (2023). What is classical conditioning? (S. Gans, Ed.). *Verywell Mind.* https://www.verywellmind.com/classical-conditioning-2794859

Cherry, K. (2023b, February 27). The unconscious mind, pre-conscious mind and conscious mind (S. Gans, Ed.). *Verywell Mind.* https://www.verywellmind.com/the-conscious-and-unconscious-mind-2795946

Cognition. (n.d.). *Merriam Webster.* https://www.merriam-webster.com/dictionary/cognition

Cognitive functions. (n.d.). Neuron Up. https://neuronup.us/areas-of-intervention/cognitive-functions/

Cohn, P. (n.d.-a). *How pro athletes deal with pressure*. Peak Performance Sports. https://www.peaksports.com/sports-psychology-blog/how-pros-learn-to-deal-with-pressure/

Cohn, P. (n.d.-b). *Mental toughness in pressure situations*. Peak Performance Sports. https://www.peaksports.com/sports-psychology-blog/mental-toughness-in-pressure-situations/#:~:text=-Mental%20toughness%20helps%20you%20push

Cohn, P. (n.d.-c). *Sports visualization for athletes*. Peak Sports. https://www.peaksports.com/sports-psychology-blog/sports-visualization-athletes/#:~:text=Visualization%20in%20sports%20or%20mental

Cope. (n.d.). *Merriam Webster*. https://www.merriam-webster.com/dictionary/cope

Cronkleton, E. (2022). 10 breathing techniques for stress relief and more (C. Crumpler, Ed.). *Healthline*. https://www.healthline.com/health/breathing-exercise#takeaway

David, S. [Host]. (2016). Building emotional agility (Episode 453) [Audio podcast episode]. In *HBR IdeaCast*. Harvard Business Review. https://hbr.org/podcast/2016/09/building-emotional-agility

Developing mental toughness. (n.d.). Mental Toughness Partners. https://www.mentaltoughness.partners/developing-mental-toughness/

Dougherty, E. (2011). *What are thoughts made of?* MIT School of Engineering. https://engineering.mit.edu/engage/ask-an-engineer/what-are-thoughts-made-of/

Duszynski-Goodman, L. (2022). What does a mental health counselor do? (R. T. Spann, Ed.). *Forbes Health*. https://www.forbes.com/health/mind/what-is-a-mental-health-counselor/

Fabio, R. A., Caprì, T., & Romano, M. (2019). From controlled to automatic processes and back again: The role of contextual features. *Europe's Journal of Psychology*, 15(4), 773-788. National Library of Medicine. https://doi.org/10.5964/ejop.v15i4.1746

Falde, N. (2021). *Beginners guide to understanding the cognitive functions* (S. Melandy, Ed.). Truity. https://www.truity.com/blog/beginners-guide-understanding-mbti-cognitive-functions

Fowler, P. (2022). *Breathing techniques for stress relief* (N. Ambardekar, Ed.). WebMD. https://www.webmd.com/balance/stress-management/stress-relief-breathing-techniques

Gelles, D. (n.d.). How to meditate. *The New York Times*. https://www.nytimes.com/guides/well/how-to-meditate

Gill, B. (2017, June 22). New to visualization? Here are five steps to get you started. *Forbes*. https://www.forbes.com/sites/bhaligill/2017/06/22/new-to-visualization-here-are-5-steps-to-get-you-started/?sh=168802cf6e3f

Grasp. (n.d.). *Merriam Webster*. https://www.merriam-webster.com/dictionary/grasp

Grinspoon, P. (2022). How to recognize and tame your cognitive distortions. *Harvard Health Publishing*. https://www.health.harvard.edu/blog/how-to-recognize-and-tame-your-cognitive-distortions-202205042738

Gut. (n.d.). *Merriam Webster*. https://www.merriam-webster.com/dictionary/gut

Healthful. (n.d.). *Merriam Webster.* https://www.merriam-webster.com/dictionary/healthful

Horiuchi, S., Aoki, S., Takagaki, K. & Shoji, F. (2017). Association of perfectionistic and dependent dysfunctional attitudes with subthreshold depression. *Psychology Research and Behavior Management,* 2017(10), 271-275. Dove Press. https://doi.org/10.2147/prbm.s135912

How to build mental toughness through mental conditioning. (2022, December 1). Daniel Domaradzki – Power Performance. https://primexaos.com/how-to-build-mental-toughness-through-mental-conditioning/

How to look after your mental health using exercise. (n.d.). Mental Health Foundation. https://www.mentalhealth.org.uk/explore-mental-health/publications/how-look-after-your-mental-health-using-exercise

Identifying negative automatic thought patterns. (n.d.). Stress and Development Lab. https://sdlab.fas.harvard.edu/cognitive-reappraisal/identifying-negative-automatic-thought-patterns

Imagination. (n.d.). *Merriam Webster.* https://www.merriam-webster.com/dictionary/imagination

Introspection. (n.d.). *Merriam Webster.* https://www.merriam-webster.com/dictionary/introspection

Intrusive thoughts and how meditation can help. (2022, May 13). BetterSleep. https://www.bettersleep.com/blog/intrusive-thoughts-and-how-meditation-can-help/

Ishler, J. (2021). How to release "emotional baggage" and the tension that goes with it (J. Litner, Ed.). *Healthline*. https://www.healthline.com/health/mind-body/how-to-release-emotional-baggage-and-the-tension-that-goes-with-it

Lawson, K. (n.d.). *What are thoughts & emotions?* (A. Georgiou, K. Hathaway & S. Towey, Eds.). Taking Charge of Your Health and Well-being. Retrieved March 8, 2023, from https://www.takingcharge.csh.umn.edu/what-are-thoughts-emotions

Learning to label my emotions. (n.d.). Habits for Well-Being. https://www.habitsforwell-being.com/learning-to-label-my-emotions/#:~:text=What%20is%20Affect%20Labelling%3F

Levinson, D. & Pfister, G. (2016). Mental conditioning. *Berkshire Encyclopedia of World Sport* (3rd ed.). Berkshire Publishing Group; Oxford Reference. https://www.oxfordreference.com/display/10.1093/acref/9780190622695.001.0001/acref-9780190622695-e-180;jsessionid=F18002CB6D63869BE7F4B7717B33466F#:~:text=Mental%20conditioning%20involves%20disciplining%20the,countries'%20success%20in%20the%20Olympics.

Luenendonk, M. (2019). *Classical conditioning: Learn how to create habits for success.* Cleverism. https://www.cleverism.com/classical-conditioning/

Lyons, P. (n.d.). *The 4 C's of mental toughness.* Ambition. https://www.ambition.co.uk/blog/2017/02/the-4-cs-of-mental-toughness?source=google.com

Lyubomirsky, S., Sheldon, K. M. & Schkade, D. (2005). Pursuing happiness: The architecture of sustainable change. *Review of General Psychology*, 9(2), 111-131. https://doi.org/10.1037/1089-2680.9.2.111

Ma, W. (2016). Mind games: Exploring and analyzing the mind of an athlete. *The People, Ideas, and Things (PIT) Journal.* https://pitjournal.unc.edu/article/mind-games-exploring-and-analyzing-mind-athlete

Malve, H. O. (2018). Sports pharmacology: A medical pharmacologist's perspective. *Journal of Pharmacy and Bioallied Sciences*, 10(3), 126. https://doi.org/10.4103/jpbs.jpbs_229_17

Manage. (n.d.). *Merriam Webster.* https://www.merriam-webster.com/dictionary/manage

Mark Hyman, MD. (2020). *What is emotional agility?* [Video]. In YouTube. https://www.youtube.com/watch?v=h3wVJGJUBDw

Meek, W. (2013). How to understand your mind (E. Hagan, Ed.). *Psychology Today.* https://www.psychologytoday.com/za/blog/notes-self/201303/how-understand-your-mind

Breaking the cycle: Negative thought patterns. (2021, November 19). Sage Neuroscience Center. https://sageclinic.org/blog/negative-thoughts-depression/#:~:text=Negative%20thought%20patterns%2C%20or%20cognitive

Mental toughness: The key to athletic success. (n.d.). Trine University. https://www.trine.edu/academics/centers/center-for-sports-studies/blog/2021/mental_toughness_the_key_to_athletic_success.aspx#:~:text=In%20sport%2C%20mental%20toughness%20is

Mindsets. (n.d.). ReachOut. https://schools.au.reachout.com/articles/mindsets

Morals. (n.d.). *Merriam Webster.* https://www.merriam-webster.com/dictionary/morals

Morin, A. (2015). 7 ways people with phenomenal mental toughness fight stress. *Inc.Africa.* https://incafrica.com/library/amy-morin-7-ways-mentally-strong-people-handle-stress-effectively

Muck, P. (2021). *The benefits of yoga: How it boosts your mental health.* Houston Methodist Leading Medicine. https://www.houstonmethodist.org/blog/articles/2021/sep/the-benefits-of-yoga-how-it-boosts-your-mental-health/#:~:text=As%20a%20form%20of%20low

My top 10 perseverance quotes. (n.d.). Identity. https://identityglobal.com/my-top-10-perseverance-quotes/

Natarelli, M. (n.d.). How emotion drives brand choices and decisions. *Branding Strategy Insider.* https://brandingstrategyinsider.com/how-emotion-drives-brand-choices-and-decisions/#:~:text=We%20now%20know%20that%20up

Neale, P. (2022). Emotional agility: Giving you the power to choose. *Forbes.* https://www.forbes.com/sites/forbescoachescouncil/2022/10/18/emotional-agility-giving-you-the-power-to-choose/?sh=427c6c643507

Nihilism. (2023). In A. Augustyn (Ed.), *Encyclopædia Britannica.* https://www.britannica.com/topic/nihilism

Nunez, K. (2020). The benefits of guided imagery and how to do it
(A. Klein, Ed.). *Healthline.* https://www.healthline.com/health/guided-imagery

Performance anxiety. (2019). GoodTherapy. https://www.goodtherapy.org/blog/psychpedia/performance-anxiety

Perry, J. (2021). How to perform well under pressure. *Psyche.co.* https://psyche.co/guides/how-to-perform-well-under-pressure-by-cultivating-flexibility

Pleasure. (n.d.). *Merriam Webster.* https://www.merriam-webster.com/dictionary/pleasure

Positive thinking: Stop negative self-talk to reduce stress. (2022, February 3). Mayo Clinic. https://www.mayoclinic.org/healthy-lifestyle/stress-management/in-depth/positive-thinking/art-20043950

Priming. (n.d.). *Psychology Today.* Retrieved March 1, 2023, from https://www.psychologytoday.com/za/basics/priming

Raglin, J. S. (2001). Psychological factors in sport performance. *Sports Medicine*, 31, 875-890. Springer Link. https://doi.org/10.2165/00007256-200131120-00004

Raypole, C. (2020a, April 28). How to become the boss of your emotions (J. Litner, Ed.). *Healthline.* https://www.healthline.com/health/how-to-control-your-emotions#regulate

Raypole, C. (2020). Positive affirmations: Too good to be true? (M. A. White, Ed.). *Healthline.* https://www.healthline.com/health/mental-health/do-affirmations-work

Reflection. (n.d.). *Merriam Webster.* https://www.merriam-webster.com/dictionary/reflection

Ribeiro, M. (2019). How to be mentally strong: 14 ways to build mental toughness (S. Latif, Ed.). *Positive Psychology.* https://positivepsychology.com/mentally-strong/#:~:text=Think%20Positively

Roberts, A. (2022). *Emotional agility – Lean into the tough emotions* [Post]. LinkedIn. https://www.linkedin.com/pulse/emotional-agility-lean-tough-emotions-andy-roberts-/

Roncero, A. (2021). *Automatic negative thoughts: How to identify and fix them.* BetterUp. https://www.betterup.com/blog/automatic-thoughts

RSA. (2016). *Susan David on emotional agility* [Video]. YouTube. https://www.youtube.com/watch?v=0_6hu6JLH98

Rumination. (n.d.). *Merriam Webster.* Retrieved April 5, 2023, from https://www.merriam-webster.com/dictionary/rumination

RuPaul's Drag Race [@RuPaulsDragRace]. (2013). *If you cannot love yourself, how in the hell you gonna love somebody else? Can I get an amen? -_@RuPaul #DragRace #Wisdom* [Tweet]. Twitter. https://twitter.com/RuPaulsDragRace/status/298626899360505856?lang=en

Seladi-Schulman, J. (2018). Understanding explicit memory (T. J. Legg, Ed.). *Healthline.* https://www.healthline.com/health/explicit-memory#explicit-vs-implicit-memory

7 examples of classical conditioning in everyday life. (n.d.). StudiousGuy. https://studiousguy.com/classical-conditioning-examples-everyday-life/

Sieck, W. (2021). *Dual process theory: Two ways to think and decide.* Global Cognition. https://www.globalcognition.org/dual-process-theory/

Smith, M. (2020). The 6 habits of buoyant people. *Medium.* https://psychologymarc.medium.com/the-6-habits-of-buoyant-

people-75cb05c0fac2#:~:text=Buoyancy%20is%20a%20
type%20of%20resilience%20specific%20to%20low%2Dlevel

Snap judgement. (n.d.). *Merriam Webster.* https://www.merriam-
webster.com/dictionary/snap%20judgment

Solis-Moreira, J. (2023). 6 ways to practice self-love. *Forbes
Health.* https://www.forbes.com/health/mind/how-to-prac-
tice-self-love/#:~:text=Self%2Dlove%20can%20be%20defi-
ned,of%20your%20overall%20well%2Dbeing.

Sports, drugs, and addiction. (2019). Gateway Foundation.
https://www.gatewayfoundation.org/addiction-blog/athletes-
drug-abuse/#:~:text=The%20most%20recent%20research%20
from

Sports psychology: Mindset can make or break an athlete. (2018,
July 5). Oklahoma Wesleyan University. https://www.okwu.edu/
news/2018/07/sports-psychology-make-or-break/

Stenger, M. (2017). *7 ways to develop cognitive flexibility.* InformED. https://www.opencolleges.edu.au/informed/features/7-
ways-
develop-cognitive-flexibility/

Stimuli. (n.d.). *Merriam Webster.* https://www.merriam-webster.
com/dictionary/stimuli

Sundgot-Borgen, J., & Torstveit, M. K. (2004). Prevalence of
eating disorders in elite athletes is higher than in the general
population. *Clinical Journal of Sport Medicine*, 14(1), 25-32.
https://doi.org/10.1097/00042752-200401000-00005

10 ways to practice positive self-talk. (2021, April 23). Delaware
Psychological Services. https://www.delawarepsychologicalservi-
ces.com/post/10-ways-to-practice-positive-self-talk

The Dharma Coach. (2016). *What are "positive" emotions? Learn how to move into an emotion to create satisfactory results* [Video]. YouTube. https://www.youtube.com/watch?v=ztEcxT9b5e4

The psychology of emotional and cognitive empathy. (n.d.). Lesley University. https://lesley.edu/article/the-psychology-of-emotional-
and-cognitive-empathy

The School of Life. (2017). *How to process your emotions* [Video]. In YouTube. https://www.youtube.com/watch?v=b197XOd9S7U

Tough. (n.d.). *Merriam Webster.* https://www.merriam-webster.com/dictionary/tough

Understanding your thoughts. (2021, May 10). Erika's Lighthouse. https://www.erikaslighthouse.org/blog/understanding-your-thoughts/

Values. (n.d.). *Merriam Webster.* https://www.merriam-webster.com/dictionary/values

Van Overwalle, F. & Vandekerckhove, M. (2013). Implicit and explicit social mentalizing: Dual processes driven by a shared neural network. *Frontiers in Human Neuroscience, 7.* Frontiers. https://doi.org/10.3389/fnhum.2013.00560

What is mental training? (2020, February 19). Positive Performance. https://www.positiveperformancetraining.com/blog/mental-
training-introduction#:~:text=Mental%20Training%20in%20athletics%20means

Whitbourne, S. K. (2012, May 19). The complete guide to understanding your emotions (E. Hagan, Ed.). *Psychology Today.*

https://www.psychologytoday.com/za/blog/fulfillment-any-age/201205/the-complete-guide-understanding-your-emotions

Wieland, A. (2021, October 25). Sports psychologist talks athletes and mental health (G. Johnson, Interviewer) [Interview]. *Penn Today*. https://penntoday.upenn.edu/news/sports-psychologist-talks-athletes-and-mental-health

Wood, K. (n.d.). *The connection between thoughts and emotions.* Kamini Wood. https://www.kaminiwood.com/the-connection-between-thoughts-and-emotions/